El Dios de los SÍ

COMO LA FE HACE QUE TODAS LAS COSAS SEAN NUEVAS

JUD WILHITE

EDITORIAL PATMOS

El Dios de los sí: Como la fe hace que todas las cosas sean nuevas

Publicado por Editorial Patmos,
Miami, FL. 33169

Publicado originalmente en inglés por FaithWords una división de: Hachette Book Group, Inc., 237 Park Avenue, New York, NY 10017, con el título *The God of Yes: How Faith Makes All Things New* © 2014 Jud Wilhite

Traducido por Marisoly Alvarez
Editado por Marian Belmonte
Diseño de portada e interior por Adrián Romano

ISBN 13: 978-158802-745-0

Categoría: Vida Cristiana

Impreso en Brasil | *Printed in Brazil*

Contenido

Introducción

Solo diga sí

> Las palabras más cortas y antiguas ("sí" y "no") son las que requieren mayor reflexión.
>
> —*Pitágoras*

El contraste entre llegar en avión a Las Vegas un viernes por la tarde y salir un domingo por la noche es notable. Puesto que vivo en Las Vegas, he hecho ambos viajes muchas veces y la diferencia todavía me asombra. La mayoría de los vuelos que llegan para el fin de semana llegan llenos de gente alborotada y emocionada, deseosa de desahogarse. Van a Las Vegas a festejar, relajarse, apostar, hacer compras, visitar los espectáculos y celebrar como si no hubiera un mañana. Los vuelos de los viernes se agotan siempre y van más apiñados que el compartimiento superior de la cabina con equipaje de diseño. La gente conversa y se mezcla como si la fiesta de cóctel ya hubiera comenzado. Algunas veces incluso se escucha barajar mazos de cartas. Todo el mundo pregunta dónde se alojarán los demás, qué espectáculos visitarán, cuántas veces han estado ya, y sus restaurantes y casinos favoritos.

Si me preguntan y se enteran de que vivo en Las Vegas, sienten curiosidad. Normalmente la frase: "Soy pastor de una iglesia" acaba con la conversación en los vuelos, pero extrañamente el hecho de que sea pastor de una iglesia con varias sedes en Las Vegas les sorprende. Por lo general escucho cosas como: "Eso sí que es una contradicción, ¡un pastor en Las Vegas!" seguido por un montón de preguntas: "¿Qué tal es? ¿Hay muchas iglesias en Las Vegas? ¿Cuántas personas famosas ha conocido usted? ¿Qué es lo más loco que ha sucedido en su iglesia? ¿Encuentra fichas de póquer en la ofrenda?" Después de un rato concluyen diciendo: "Debe de haber un montón de personas en Las Vegas que necesitan de lo que usted hace" y luego pasan a otras cosas.

Los vuelos que salen de Las Vegas el domingo por la noche están igual de llenos que los que llegan, pero son silenciosos como un cementerio. Siempre sé que puedo adelantar un montón de trabajo volando los domingos por la noche. La mayoría de la gente ni siquiera establece contacto visual, al menos los que no llevan puestas gafas de sol. Muchos llevan gorras de béisbol o sombreros y se quedan dormidos antes de que el avión cierre sus puertas. Las risas y la curiosidad desaparecen, y ya no hay tantas conversaciones con extraños que salen de la Ciudad del Pecado el domingo por la noche, aunque he repartido analgésicos a más de una persona.

A FAVOR O EN CONTRA

Al vivir en una de las capitales del placer en el mundo, tengo un asiento de primera fila para ver las muchas maneras en que intentamos llenar nuestras vidas con entretenimiento. Las Vegas está organizada para maximizar los placeres en cualquier momento. Las luces están encendidas las veinticuatro horas del día, todos los días de la semana, con un sinfín de espectáculos, juegos, tiendas y comida preparada por chefs de reconocimiento mundial. Hay celebridades siempre celebrando sus cumpleaños y éxitos empresariales a la vez que la gente llega dispuesta a gastar su dinero y divertirse de formas que jamás podrían en casa y que es imposible mantener.

Si vive lo suficiente aquí se dará cuenta de que si alguien se queda el tiempo suficiente, juega el tiempo suficiente y parrandea el tiempo suficiente, siempre llega a tocar fondo. Muchas veces se vuelven a Dios en busca de ayuda y van a nuestra iglesia. Más de veinte años como creyente me han enseñado que lo que añoramos al buscar los placeres es en realidad algo que solo Dios nos puede dar.

Desgraciadamente, tendemos a tener la impresión de que Dios principalmente dice no a cosas en la vida. Quizá hayamos aprendido esto en la iglesia o de la enseñanza de alguien a lo largo del camino. O vemos a cristianos que están constantemente acosando a otros para que sean correctos, acusándoles de no vivir "un estilo de vida más cristiano."

Quizá nos hemos encontrado con alguien gritándole a la gente con un megáfono en la acera o sosteniendo un letrero sobre el juicio de Dios. Podría ser por razones que no entendemos, pero nos sentimos culpables por disfrutar de cosas en la vida. Hemos permitido que fuentes secundarias formen nuestra visión de Dios más que la Biblia y nuestra experiencia personal de una relación con Él. Si solo basamos nuestra comprensión de Dios conforme a lo que otras personas opinan de Él, podemos terminar con la idea general de que

Dios está en contra de todo. Es contrario a la música, contrario a las películas, contrario al sexo, contrario a la risa, contrario a la diversión y así sucesivamente. En pocas palaras: ¡Él es bastante contrario a la vida!

Pero hay algo muy errado cuando nuestra impresión de Dios se trata principalmente de cosas contra las que Él está, sean reales o imaginarias, ¡y no cosas de las que Él está *a favor*! Y por favor, no me malentienda: Dios está *en contra* de muchas conductas pecaminosas que vemos expresadas en la Biblia, pero Él está *a favor* de muchísimas maneras sanas de vivir, incluido el placer real. Más aún, Él está *a favor* de que la gente le conozca y experimente la vida por entero, no con culpa sino como un regalo.

UN CONTRATO NUEVO O UNA CADENA ANTIGUA

Sé que vivir teniendo en cuenta esta visión de Dios puede tomar algún tiempo. Mucho después de que dije sí a Dios en mi vida, todavía tenía dudas sobre si Él me había dicho sí a mí. Sentía que nunca sería lo suficientemente bueno, que nunca podría dar la talla y que jamás podría agradarle. Cuando no se está seguro de caer bien a alguien, es difícil confiar a esa persona cada aspecto de su vida. Yo temía que Dios fuera el Dios de los No. Después de todo, ¿acaso los Diez Mandamientos no dicen una y otra vez "*No*" harás esto o lo otro? ¿Acaso no trata Dios principalmente de llamar nuestra atención para que dejemos de hacer cosas malas? ¿No quiere Dios acabar con la fiesta y bajarle el volumen a la música?

La manera en que esta creencia moldeó mi vida me produjo un montón de consecuencias negativas. Veía mi relación con Dios más en términos negativos que positivos. Mi fe se reducía a lo que creía que *no* estaba haciendo. En consecuencia, buscaba alegría en cualquier lugar menos en Dios. Me volví a los pasatiempos, al entretenimiento, los libros, el aprendizaje, todo lo cual era bueno; pero no podía encontrar en esas cosas un nivel de satisfacción que pudiera ser permanente.

De igual manera, intenté agradar a la gente y buscar su aprobación, ya fuera por medio de proyectos de trabajo o un logro familiar. Pero siempre tenía la molesta sensación de que aún no lo hacía bien. Dios estaba ahí y me toleraba, pero en lo más profundo todavía sentía que Él me decía *no.* Así que terminé separando mi fe de mi vida. Amaba a Dios, pero aún mantenía posesión de un montón de cosas en mi corazón. Nunca se me ocurrió buscarle a Él como la fuente suprema de alegría en mi vida.

¿Se siente identificado? ¿Cómo ha sido su experiencia con Dios hasta ahora? Quiero decir: ¿alguna vez sintió que su vida era más como una *cadena antigua* que como un *contrato nuevo*? Como creyente, ¿siente todavía en lo profundo de su ser que Dios le dice "no" a usted más que "sí"? ¿Se preocupa más por lo que debe evitar que por aquello que debe acoger? Si algo le hace sentir bien, ¿siente secretamente que entonces debe de ser algo malo? ¿Ha reducido la fe a una cuestión de deber y responsabilidad, más que de gozo y amor?

El resultado de no entender completamente los sí de Dios es un alejamiento sutil en nuestro corazón de Aquel a quien amamos. Nos privamos de muchos de los regalos buenos de Dios por un largo tiempo, luego entramos en un ciclo de excesos y purgas que van desde comida o compras hasta participación en la iglesia, cosas que de manera extremista son de todo menos sanas. Seguimos tratando de encontrar satisfacción permanente en una relación, un logro u otra dosis de cumplidos ante la necesidad de aprobación.

Así como los visitantes de Las Vegas descubren pronto que el placer en exceso no les satisface por mucho tiempo, nos frustramos por nuestros intentos de encontrar satisfacción permanente y comenzamos a agotarnos. Empezamos a perder la capacidad de disfrutar de las pequeñas cosas, de reír, de descansar en el amor de Dios y contentarnos con su provisión. Quizá hasta nos convertimos en uno de esos cristianos negativos que siempre están enfadados y malhumorados que jamás pensamos que podríamos llegar a ser, juzgando a otros para poder sentirnos mejor con nosotros mismos.

Un problema de raíz en todas estas cosas es que no hemos aceptado completamente el sí de Dios a cada parte de nuestra vida y nuestro mundo. Piense en ello por un momento. Imagine disfrutar completamente de Dios y, como un efecto secundario, disfrutar también de la comida, el sexo, el trabajo, el matrimonio, las buenas relaciones con nuestros hijos, ayudar a otros y vivir en contentamiento delante de Él. Todas estas cosas son regalos de Dios y nos son dadas para nuestro disfrute. Lo único que tenemos que hacer es dejar de tratar nuestra búsqueda de satisfacción y significado como si fuera un fin de semana en Las Vegas.

SOBRE LAS NUBES O BAJO EL SOL

Para explorar los sí de Dios a toda la vida vamos a ir a lo que algunos perciben como el libro de los "no" por excelencia de la Biblia. Eclesiastés se presenta como el diario personal de Salomón, en el cual no escatima crítica alguna al hablar sobre la vida. Casi todas las páginas describen sus intentos por encontrar placer en los extremismos de la vida, tomando algo bueno como la risa o el trabajo, y luego llevándolo demasiado lejos, "sobre las nubes", para después darse cuenta de que no le satisface. Entiende que no hay "nada nuevo bajo el sol" y debe de haber algo más que simplemente la búsqueda del placer físico.

Cuando estudié Eclesiastés por primera vez en la universidad, el libro me pareció como un pararrayos, logrando revitalizar mi fe. Algunas veces me vi asintiendo con él, otras encogiéndome de hombros en desconcierto, y aún otras alejándome por frustración. La experiencia entera de luchar con el libro me llevó a una conexión más profunda con Dios. Inicialmente, me había señalado a tener esperanza en un momento en que me estaba ahogando en el lodazal de la filosofía contemporánea.

En la escuela de posgrado me especialicé en teología y filosofía, y me involucré en la lectura de cada autor, desde Nietzsche y Heidegger hasta Foucault y Derrida. A su manera, estos pensadores cuestionaban los fundamentos de cada cosa y me estaban llevando a reconsiderar muchas de las cosas que yo daba por sentadas, incluso conceptos básicos como el bien y el mal, realidad y percepción, intención y comportamiento.

En medio de esta confusión en la que luchaba con sentimientos de falta de propósito y sentido, intentando encontrar mi lugar en el mundo, abrí el libro de Eclesiastés y fue como un ungüento sanador. Aquí había alguien enfrentando lo rudo de la vida de manera franca, profunda y honesta, aunque a veces también confusa. Este no era un mensaje de que la vida fuera color de rosa; era alimento directo, sustancioso y bien sazonado para un alma hambrienta. Salomón no intenta hacer menos evidentes las dificultades de la vida. Presenta la verdad con una franqueza que finalmente Dios utilizó para ahorrarme años de desorientación.

Desde entonces, leer Eclesiastés a lo largo de los años ha reforzado mi comprensión y aprecio por este libro. Estoy convencido de que el recorrido de Salomón en este libro representa un "sí" indirecto a Dios y a cada aspecto de la vida. Provee un marco de referencia para la fe que encuadra con la realidad y está lleno de significado. Algunos han llegado hasta a ver similitudes entre Eclesiastés y la Epístola a los Filipenses, el libro del gozo, en el Nuevo Testamento. Lo que Eclesiastés nos muestra de manera tan poderosa es que si alejamos nuestros ojos de Dios, finalmente habrá cosas en nuestras vidas que comenzarán a marchitarse. Pero cuando decimos sí a Él y vivimos en su sí a nosotros, experimentamos una revitalización.

SÍ O NO

Mi vida cambió radicalmente cuando le dije sí por primera vez a Dios, pero cambió definitivamente cuando viví en las implicaciones del sí de Dios para mí, algo que Eclesiastés me ayudó a aceptar completamente. Comencé a crecer y a entender las cosas de las cuales Dios está *a favor*, descubrí el secreto para una vida espiritualmente abundante: decir sí a Dios en cada momento y vivir en el increíble sí que Dios me declara en Jesús. Veamos cómo lo expresa Pablo: "Pues todas las promesas de Dios se cumplieron en Cristo con un resonante '¡sí!'"(2 Corintios 1:20, NTV). No algunas, no unas pocas, sino *todas* las promesas de Dios se cumplen en Jesús. Él es nuestra salvación, nuestra esperanza, y por medio de Él Dios no solo cumplió todos los requisitos de la ley, sino que también nos dio una nueva identidad y una herencia que nunca desaparecerá. Podemos vivir nuevas vidas en el gozo de la obra de Dios en Jesús. Él ha mostrado en Jesús que está a favor del amor, del perdón, del disfrute, del propósito, y de la vida en el sentido más pleno e imaginable posible.

En las páginas siguientes exploraremos muchas áreas de la vida de las que Dios está a favor y veremos cómo podemos hallar satisfacción en ellas. Primero, veremos que decir sí a Dios nos permite comenzar a vivir de nuevo en su afirmación de la vida entera como un regalo. Todo es una oportunidad espiritual para la adoración. Experimentamos el placer más como un regalo que como una amenaza, y lo celebramos en Dios. El trabajo es menos una carga y más una misión que cumplir. Los logros tienen lugar no en los premios y hazañas en sí mismos, sino en vivir con sabiduría delante de Dios. Descubrimos el secreto del contentamiento, de la vida con la eternidad en perspectiva, y encontramos alegría en las cosas pequeñas.

En *El Dios de los sí*, compartiré con usted cómo podemos reemplazar sentimientos de frustración por una espiritualidad vital que da satisfacción; cómo podemos acabar con creencias destructivas sobre Dios para poder tener una vida más gozosa; cómo aceptar el sí de Dios a toda la vida y experimentar mayor satisfacción en el trabajo y la casa; y cómo hallar contentamiento en cada etapa de la vida para poder experimentar todo lo que Dios tiene para usted hoy. Las noticias son increíbles: Dios ha declarado un gigantesco *¡Sí!* a toda su vida en Jesús.

Si usted se siente frustrado, vacío, cansado y con los nervios de punta, mañana las cosas pueden cambiar en su vida aún si las circunstancias siguen siendo las mismas. El desasosiego y el descontento pueden ser aplacados en sumisión delante de Dios. Usted puede experimentar la satisfacción de Dios tanto en las cosas grandes como en las pequeñas, en la vida y el amor, en sus relaciones y en su trabajo. Encontrará algo mucho más gratificante y duradero que cualquier fin de semana en Las Vegas, o en cualquier otro sitio, le podría dar.

Descubrirá que al decir sí a Dios, ¡puede vivir en el sí de Dios para usted!

Capítulo Uno
Sí a Dios

> Quien tiene una razón para vivir puede soportarlo casi todo.
>
> —*Nietzsche*

Recientemente tenía programado que me llamaran por teléfono para una entrevista de radio con audiencia nacional. Era una entrevista importante y en la que me emocionaba participar. Para tener la mejor señal de teléfono con la menor interferencia posible, la estación de radio me pidió que llamara desde una línea fija. Tenía toda la intención de hacerlo, pero ese día me encontré conduciendo luego de una cita y se me había hecho tarde. Había quedado con alguien que tenía problemas serios, y tuvimos una de esas conversaciones en las que simplemente no es posible levantarse e irse porque ya es tiempo de partir.

A unas diez millas de mi oficina fue cuando me di cuenta de que no podría llegar a tiempo, me salí de la autopista y encontré un pintoresco parque que estaba completamente vacío. Me estacioné junto a un contenedor de basura, hacia la parte de atrás de una pequeña área de estacionamiento. No había otros autos ni personas.

Era perfecto. El clima era precioso para un día de otoño y el parque era hermoso y tranquilo. Hice la llamada desde mi celular, y no podría ser mejor.

Marqué a la estación de radio y comenzó la entrevista. Estaba disfrutando mucho al compartir sobre la fe cristiana y lo que significa para mí ser un seguidor de Jesús. Después de unos minutos, un camión verde enorme de Sparkletts cargado de botellas de cinco galones de agua entró en el estacionamiento vacío y comenzó a retroceder justamente junto a mi auto. El motor del camión zumbaba, los engranajes y frenos chillaban, y luego el bip… bip… bip… bip… bip al ir de reversa. Todo era tan… *ruidoso.* No podía creerlo, coloqué las manos alrededor del teléfono y suspiré presa de la frustración.

No habían pasado ni cinco minutos cuando un carrito de helados (convertido a partir de un viejo camión Chevy) llegó también al área de estacionamiento tocando una canción de helados horrorosa a través de un enorme altavoz. Sonaba como una versión fallida de la canción tema del programa televisivo *Jeopardy!* con volumen de concierto de rock.

Tan pronto como la estruendosa canción estuvo fuera del alcance de audición, que se sintió como unos veinte minutos, escuché el masivo temblor de otro camión. Elevé la vista y vi un camión de basura que se acercaba en dirección a mí. *¡Increíble!*

¡El único momento en toda la semana en que estaría en esta ruta y levantaría el contenedor de basura fue cuando yo me había estacionado junto a él durante una entrevista de radio en vivo a nivel nacional! No había nada que pudiera hacer. Mover el auto me habría distraído, y me preocupaba que se cortara la llamada si me movía de allí. Por supuesto, ¿qué podía ser más ruidoso que un camión de basura levantando un contenedor justo al lado mío?

Sonaba como si estuviera en una zona de guerra a medida que el conductor del camión sacudía el contenedor de basura haciendo que el estruendo del acero y la basura hiciera eco en todo. Cuando el camión de basura por fin se retiró, respiré hondo. Luego, el camión de Sparkletts echó a andar su gran motor y decidió que su hora de almuerzo había terminado. *¿De verdad?* Apretó fuerte y se retiró.

Pensé que finalmente tendría un momento de paz, pero entonces escuché al camión de helados acercarse de nuevo con su melodía espantosa. *¿Estás de broma? ¿Qué crees que estás haciendo?* No había niños la primera vez. No había gente alrededor. *¿Por qué iba a haber ahora?* Para cuando hizo su *lento* movimiento en U y se fue, mi entrevista estaba a punto de terminar. No tenía ni idea de lo que había dicho exactamente con todo lo que estaba pasando a mi alrededor. Me di cuenta de que el anfitrión del programa no estaba contento. Cuando colgué, me quedé allí exhausto. Y me di cuenta de que el parque estaba ahora completamente tranquilo. Nada se movía. No había un solo ruido. Era como si el circo hubiera recogido, con todos sus trapecistas, malabaristas, elefantes y tigres, que antes habían realizado sus actuaciones, para desaparecer luego sin dejar rastro. Dejé escapar un hondo suspiro de frustración, sabiendo que había arruinado completamente la entrevista.

LOS SUSPIROS DE LA VIDA

¿Cuándo fue la última vez que dejó escapar un profundo suspiro por frustración? Ya sabe, el tipo de suspiro que despertaría a un muerto.

Tal vez durante un embotellamiento en la autopista; o cuando se dio cuenta de que el único juego de llaves que tenía estaba en el auto justamente después de haber cerrado la puerta; o cuando escuchó a uno de sus hijos decir: "Mamá, ¡mi hermanito acaba de hacer caca en la bañera!" Cuando a usted le toca el asiento del medio en un avión entre dos hombres enormes y uno de ellos lleva una camiseta sin mangas, necesita desodorante y no deja de ajustar el aire acondicionado por encima de su cabeza… suspira.

Todos nos sentimos así alguna vez, como si nuestra vida pasara de un largo suspiro al siguiente. Temiendo que lo próximo que hagamos salga mal, nos frustramos. Hubo un tiempo en que el romance era nuevo para nosotros. Éramos muy felices corriendo por el campo al sonido de la música. El amor estaba en el aire. Ahora, algo diferente está en el aire y no huele a amor.

Hace mucho tiempo, las cosas eran nuevas y emocionantes en el trabajo, llenas de posibilidades de un futuro próspero y brillante. Ahora lo siente tedioso y agotador, como si estuviera cumpliendo una condena mientras aguanta por los pelos. Para algunos, la escuela fue una vez una nueva aventura, pero ahora parece más un acto de supervivencia, y hay que luchar para mantenerse lo suficientemente interesado para llegar a la graduación. Los pasatiempos comienzan siendo divertidos, desde los deportes o el coleccionismo hasta los videojuegos y el ejercicio, pero luego de un tiempo ya no lo son tanto. Muy pronto el gimnasio es tan solo un edificio que, al salir del trabajo en dirección a la casa, se burla de usted gritándole: ¡FRACASADO! (O quizás sea solo yo). Algunas veces las cosas no solo pesan demasiado, sino que pueden comenzar a sentirse inútiles. Nos preguntamos dónde podremos encontrar la energía necesaria para aguantar, para seguir adelante y mantener todos los platos girando sin que caigan al suelo. Todo esto queda condensado y expresado en nuestros suspiros de frustración.

Este es el punto donde se encuentra Salomón al escribir el libro de Eclesiastés. Comienza el libro con la conclusión de su búsqueda para encontrar satisfacción y esencia lejos de Dios. Esto era típico de este tipo de literatura hebrea antigua. Él escribe: "Estas son las palabras del Maestro, hijo del rey David y gobernante de Jerusalén. 'Nada tiene sentido —dice el Maestro—, ¡ningún sentido en absoluto!'. ¿Qué obtiene la gente con trabajar tanto bajo el sol?" (Eclesiastés 1:1-3, NTV).

Salomón está agotado. Está cansado, deprimido y emocionalmente exhausto. Comienza con una declaración de su desesperación. La vida "bajo el sol", sin tener en cuenta al Dios que vive más allá del sol, ha resultado vacía.

La frase traducida como "ningún sentido" puede tener el sentido literal de un suspiro, una profunda exhalación de frustración y cansancio que todos hemos experimentado. De hecho, esta frase también podría traducirse como "respiro", "rocío" o "vapor", básicamente, cualquier cosa que no dure demasiado.

Como el rocío que se levanta del suelo en la mañana y desaparece con el sol, así es todo lo que Salomón experimentó sin Dios. Todo pasa, es como "perseguir al viento", nos dice. Luego prosigue a contar todos los lugares en donde buscó sustancia fuera de Dios: proyectos de construcción, placeres sensuales, fiestas lujosas, entretenimientos, sabiduría, trabajo, logros, riqueza, educación, etc.

Todo había perdido su atractivo. Todo era rocío y vapor. Todo se reducía a la nada. *Suspiro.*

CUANDO TODO ES NADA

Si usted conoce algo de Salomón en la Biblia, se preguntará cómo fue que llegó a este nivel de agotamiento. ¿Qué pasó? Salomón fue el tercer rey de Israel, hijo de David que era conocido como un hombre conforme al corazón de Dios. El padre de Salomón estuvo lleno de fe, y seguramente esto habría formado una parte clave de sus años de crecimiento. Salomón nació dentro de una familia real rica y llena de oportunidad, fe y esperanza.

Salomón había caminado con Dios, y Dios mismo se manifestó a él en dos ocasiones (véase 1 Reyes 11:9). Él construyó el Templo para Dios que su padre, David, había soñado levantar. Cuando leemos la oración de Salomón al dedicar el Templo ya completado a Dios, podemos sentir su pasión y devoción (véase 1 Reyes 8:23-53). Él le estaba diciendo sí a Dios y viviendo en el sí de Dios.

Cuando comparamos y contrastamos aquel compromiso con sus observaciones en el libro de Eclesiastés, quedamos impresionados por un cambio trágico y radical. La pasión por Dios ha desaparecido, dando lugar a la irritación y la angustia. El gozo de la fe es reemplazado por una visión miserable de la vida y una perspectiva distante de Dios.

La Biblia no nos deja preguntándonos qué pasó. Un par de capítulos después de la increíble oración de dedicación de Salomón, leemos que se casó con muchas mujeres extranjeras y que "cuando Salomón era ya viejo, sus mujeres inclinaron su corazón tras dioses ajenos, y su corazón no era perfecto con Jehová su Dios, como el corazón de su padre David" (1 Reyes 11:4).

Salomón se desvió hacia la adoración a otros dioses y finalmente intentó hallar satisfacción solo en cosas materiales. Su historia no es la biografía de una celebridad que vivió una vida alocada de riquezas y decadencia para luego hacerse creyente y vivir para compartir su historia de conversión de una vida llena de "sexo, drogas y rock and roll."

Este es el viaje de un hombre que adoró a Dios y le siguió por muchos años, y que luego se desvió cada vez más de su relación con Él. Se distanció a sí mismo de la vida que Dios deseaba para él. En el contexto del cristianismo, diríamos que esta es la historia de un hombre que creció en la iglesia, oró para convertirse en creyente y caminó por el pasillo central de la iglesia siendo joven. Vivió una comprometida vida de fe por décadas, pero luego se apartó. Pasó de decir sí a Dios a decirle un dudoso tal vez, para finalmente decirle no. Y ahora al escribir Eclesiastés es como si estuviera rectificando, pensando mientras escribe y procesando todo lo que ha experimentado. Al final se da cuenta de que la vida bajo el sol, apartado de Dios, no tiene propósito alguno.

Lo que vemos en los versículos iniciales de Eclesiastés es la prueba misma de que *Todo – Dios = Nada.* Toda la riqueza, logros, fiestas, sabiduría y libros que Salomón consiguió sumaban nada separado de Dios. Estas cosas pueden ser maravillosos regalos disfrutados en Dios, pero son un mal reemplazo de Él.

Miles de años después, Søren Kierkegaard, el filosofo danés, evaluó su propia época y llegó a una conclusión similar: "Vi que el significado de la vida era ganarse la vida, su meta llegar a ser concejal, que el mejor deleite del amor fue conseguir una chica de buena posición, que la bendición de la amistad era ayudarse mutuamente en momentos de dificultades económicas, que la sabiduría era lo que la mayoría opinara, que el entusiasmo era dar un discurso… que la piedad era ir a la iglesia una vez al año. Esto fue lo que vi y me reí."[1] Kierkegaard no se rió porque fuera gracioso, sino porque era absurdo pensar que tales cosas equivalían al verdadero significado de la vida.

La buena noticia es que las matemáticas de Dios son diferentes: *Dios + Nada = Todo.* No importa lo vacías y confusas que estén las cosas alrededor de usted, son transformadas cuando invita a Dios a estar en medio de ellas. Incluso si tiene un empleo que en realidad no le gusta; si se encuentra en una sala de espera en la que desearía no estar; en una relación que no comprende; o si está esperando una pareja que duda si alguna vez llegará, usted puede disfrutar de gozo. No digo que esas cosas no sean dolorosamente difíciles de soportar, pero con Dios estando al frente y en el centro de nuestras vidas podemos enfrentarlas y encontrar significado en ellas.

Vemos que el final del experimento de vida de Salomón termina con una afirmación. Él concluye Eclesiastés diciendo: "Aquí culmina el relato. Mi conclusión final es la siguiente: teme a Dios y obedece sus mandatos, porque ese es el deber que tenemos todos" (12:13, NTV). En el idioma original, implica que temer y obedecer a Dios hace a la "persona completa." La vida bajo Dios, vivir en temor reverente o respeto a Dios, es vivir bajo el sí de Dios. Cuando vivimos el *Dios + Nada = Todo*, estamos en la posición correcta para descubrir el propósito de Dios en cada día, que es que vivamos por Él y disfrutemos de Él. Despertamos al significado que Él inyecta en cada momento.

Eclesiastés es un mensaje a creyentes, un recordatorio franco dado por alguien que se ha apartado mucho de la fe y está haciendo el camino de regreso. Como Samuel Johnson, el famoso escritor inglés, una vez escribió: "Las personas necesitan que les recuerden más seguido que necesitan ser enseñadas," y Salomón hace ambas cosas de manera poderosa.[2]

Nos recuerda la manera lenta y letal en que podemos apartar nuestros ojos de Dios. Todo comienza de manera casi imperceptible. Estamos fuertes y seguros en nuestra fe. Comenzamos a vivir en las bendiciones de Dios y cosechamos los beneficios de confiar en Él y caminar fielmente con Él en el tiempo. Teniendo esta confianza, comenzamos a distraernos y a estar ocupados. Ya no somos tan disciplinados ni nos ocupamos tanto de vivir siguiendo a Dios. Dejamos de leer la Biblia tan frecuentemente, oramos menos, vamos más esporádicamente a la iglesia, y no podemos recordar la última vez que aprendimos algo nuevo sobre Dios.

Decimos sí al perdón de Dios, pero nos decantamos por el no cuando se trata de perdonar a otros que nos hayan ofendido; decimos sí a seguir a Dios, pero no a abandonar pecados destructivos o adicciones que nos mantienen alejados de Él; decimos sí a la iglesia, pero preferimos el no a la hora de manifestar nuestra fe más allá de asistir a la iglesia; decimos sí al amor de Dios por nosotros, pero no a amar a aquellos que no son como nosotros; decimos sí a la vida eterna, pero no a la vida que Dios desea para nosotros hoy.

Quizá, al igual que Salomón, tenemos amigos o familiares que no comparten nuestra fe, y hemos permitido que ellos nos influencien al punto de la apatía hacia las cosas de Dios. Estas decisiones pueden ir acumulándose hasta hacernos desviar, sin intención alguna. Pero antes de poder percatarnos de ello, nos despertamos un día muy alejados de amar a Dios con todo nuestro corazón. La vida queda reducida a un suspiro de tedio, de cansancio y resignación.

Podemos caer también en la tentación de llenarnos de cosas religiosas como un sustituto de Dios. Tratamos de ganarnos la aprobación y el respeto de los demás que nos ven en la iglesia, intentamos hallar sentimientos positivos al involucrarnos en acciones generosas, buscamos alcanzar moralidad en nuestras vidas para satisfacer lo que solo Dios puede satisfacer. Nos enfocamos más en lo externo que en lo interno. Así era como vivían los líderes religiosos de la época de Jesús. Mantenían bien todas las apariencias, pero en el interior se habían apartado de Dios. Él los llamó "sepulcros blanqueados." Se veían hermosos por fuera, pero por dentro estaban "llenos de huesos de muertos y de toda inmundicia" (Mateo 23:27). Debemos regresar a Dios para poder cambiar de dentro hacia fuera.

SUFICIENTE NO ES NUNCA SUFICIENTE

Cuando era niño, la frase que más utilizaba en casa era: "Estoy aburrido." Andaba cabizbajo por todas partes y terminaba cansando a mis padres. Tal vez sea por eso que tengo tan poca paciencia con mis hijos cuando se ponen igual. Ellos ya conocen mi respuesta: "Tu aburrimiento no es mi responsabilidad. Tú eres responsable de tu aburrimiento, y jamás tendrás tanto tiempo libre en tu vida como ahora" (Sí, ¡sueno igual que mi madre!). Lo han escuchado tantas veces que repiten la última parte conmigo. ¡Les vuelve locos! Si siguen decaídos, les digo: "Ya que estás tan aburrido, ¿por qué no limpias la cocina o podas el césped?" Con esto siempre consigo un gemido exasperado y se termina la conversación.

Todos enfrentamos la rutina diaria de la vida, y algunas veces comienza a sentirse como lo mismo todos los días. Nos aburrimos. Salomón nota la constante monotonía de la vida: "Las generaciones van y vienen, pero la tierra nunca cambia. El sol sale y se pone, y se apresura a dar toda la vuelta para volver a salir. El viento sopla hacia el sur y luego gira hacia el norte. Da vueltas y vueltas soplando en círculos. Los ríos desembocan en el mar, pero el mar nunca se llena. Luego el agua vuelve a los ríos y sale nuevamente al mar. Todo es tan tedioso, imposible de describir. No importa cuánto veamos, nunca quedamos satisfechos. No importa cuánto oigamos, nada nos tiene contentos" (Eclesiastés 1:4-8, NTV).

¿Puede sentir la monotonía? Se levanta, se ocupa de sus labores, llega a casa, se va a dormir, y luego vuelve a despertarse para hacer lo mismo otra vez. Los humanos van y vienen mientras que la tierra permanece siendo repetitivamente la misma. No hay solución imaginable al problema de la nimiedad terrenal. El sol se levanta y se oculta, el viento sopla, las corrientes fluyen. Es lo mismo todos los días.

Los antiguos escépticos griegos concebían la historia como circular. Esto quiere decir que la historia no tiene un punto definido de inicio o final. Da vueltas y vueltas en un ciclo vicioso, infinito y sin propósito de insignificancia. Sin embargo, la primera afirmación que aparece en Génesis contradice esta visión de la vida y la historia: "En el principio creó Dios..." (1:1). Vemos que la historia tiene un punto de inicio no en el caos como un accidente cósmico, sino a través del acto decidido de un Dios creador. La historia se ve como lineal, yendo hacia un lugar específico con un propósito.

Esta visión de la historia se apoya en vivir hacia Dios, quien la puso en marcha. La ciencia examina los movimientos del sol, los vientos y las corrientes, y observa lo que hacen. Pero la ciencia jamás podrá decirnos el propósito global de por qué el sol sale y se pone. Stephen Hawking, por años Profesor Lucasiano de Matemáticas en la Universidad de Cambridge, concluyó que la ciencia debe contentarse con explicar el "qué" de las observaciones humanas, Dios es el único capaz de responder el "porqué."[3] Y Salomón se hace las preguntas del porqué.

EL ANTÍDOTO PARA EL ABURRIMIENTO

Lo que necesitamos para combatir la diaria monotonía es una visión fresca de Dios. Cuando decimos sí a Dios y le invitamos a la monotonía de la vida, experimentamos el antídoto contra el aburrimiento. Escuchamos la misma vieja alarma del despertador y caminamos hacia el mismo viejo baño y tomamos el mismo viejo cepillo de dientes, pero en nuestros corazones damos gracias a Dios por el regalo de un nuevo día, por el baño en el que nos aseamos y por el cepillo dental que usamos.

Comemos el mismo desayuno de siempre, pero celebramos que Dios provee incluso nuestro cereal cuando muchos en el mundo no disfrutan del lujo de un desayuno. Nos montamos en el mismo auto antiguo y apreciamos el viaje. Vamos al mismo empleo de siempre deseosos de servir a Dios en el trabajo. Celebramos a Dios y recordamos que muchos desearían poder tener trabajo. Regresamos a casa al final de día y besamos a nuestro cónyuge y nos alegramos por la compañía que Dios provee. Este Dios de orden, sorpresa y belleza puede transformar todo lo de siempre en nuestras vidas. Podemos darle la bienvenida en nuestras vidas para que Él pueda hacer nuevas todas las cosas.

Lo mismo que hicimos ayer puede ser diferente hoy cuando lo hacemos a la luz de la resurrección de Jesús. Después de la más larga discusión en la Biblia sobre la resurrección y lo que esta significa, Pablo finaliza así su discurso: "Por lo tanto, mis amados hermanos, permanezcan fuertes y constantes. Trabajen siempre para el Señor con entusiasmo, porque ustedes saben que *nada de lo que hacen para el Señor es inútil*" (1 Corintios 15:58, NTV, cursivas añadidas). Porque Jesús se levantó de los muertos, todo lo que hacemos adopta un nuevo significado.

Él no discrimina las acciones. Cada acto de amabilidad, bondad y amor; cada momento enseñando a un niño o alentando a otra persona; cada vez que prepara comida para un amigo en crisis, o da lo mejor en el trabajo, todo eso importa cuando lo hace para Dios. Todo cuenta.

ESTA ES SU LLAMADA DE ALERTA

La autobiografía de Salomón en Eclesiastés puede leerse como el despertar de alguien que por muchos años permaneció dormido a la Palabra de Dios y su voluntad. Y la gente hace y dice muchas cosas locas mientras duerme. Recuerdo una noche en que miraba a mi esposa, Lori, mientras dormía con su brazo extendido en el aire como si fuera un nazi saludando sin razón alguna. No parecía que estuviera cómoda, así que gentilmente le bajé el brazo.

Cuando estamos dormidos a Dios, no somos conscientes de lo que nos estamos perdiendo ni de los efectos de lo que estamos haciendo. Toque el botón de silenciado en el despertador lo suficiente, e incluso la posibilidad de despertarse y experimentar vida nueva podrá parecer inverosímil. Salomón miró con frustración como nada cambia: "La historia no hace más que repetirse; ya todo se hizo antes. No hay nada realmente nuevo bajo el sol. A veces la gente dice: '¡Esto es algo nuevo!'; pero la verdad es que no lo es, nada es completamente nuevo. Ninguno de nosotros recuerda lo que sucedió en el pasado, y las generaciones futuras tampoco recordarán lo que hacemos ahora" (Eclesiastés 1:9-11, NTV).

Cuando leemos por primera vez estas palabras nos parecen al menos anticuadas, o en el peor de los casos falsas. ¿Qué quiere decir con que no hay nada nuevo, que todo ya ha sido hecho? Le hemos dado la vuelta a la luna y hemos dividido el átomo. En cien años hemos pasado de andar a caballo y en carreta, a tener autos, refrigeradores, hornos microondas, computadoras, eso sin mencionar las invenciones de los dos últimos milenios como la irrigación, la agricultura, la imprenta, y el reloj. ¿De qué está hablando cuando dice que "no hay nada realmente nuevo bajo el sol"?

Con seguridad sabía que había cosas nuevas; después de todo, Salomón era considerado el hombre más sabio del mundo. Él sabía que las cosas cambiaban, pero lo que enfatiza es que las leyes que gobiernan las cosas y el comportamiento de la gente en realidad no cambian. Hay una gran diferencia en la manera en que Atila el Huno mataba con una espada y la manera en que se hace hoy día con equipos de alta tecnología y armas nucleares, pero el patrón de comportamiento es el mismo. Los homicidios, la envidia y la dominación no cambian. Tenemos un montón de nuevos aparatos y herramientas, pero no hemos sido capaces de cambiarnos a nosotros mismos. Hay una sensación de resignación, de que Salomón se ha dado por vencido y no cree que el cambio sea posible.

Sin embargo, a lo largo de toda la Biblia se nos recuerda la manera en que Dios trae nueva vida. Él desea hacer algo nuevo en nuestros corazones y nuestras vidas a medida que le seguimos en fe. Él desea revelársenos más y relacionarse con nosotros como nuestro Dios. Esta es la razón por la que los primeros cristianos se reunieron y cantaron una canción de resurrección para alentarse los unos a los otros. La canción es citada en Efesios 5:14: "Despiértate, tú que duermes, y levántate de los muertos, y te alumbrará Cristo." Esta era una canción para los creyentes que necesitaban recordar de manera constante dejar de ignorar la alarma del despertador y levantarse, despertar espiritualmente, y permitir que Cristo les diera luz.

Nos despertamos al vivir percatándonos conscientemente de la presencia de Dios en todo en nuestras vidas. Como lo dijo el filósofo y novelista G. K. Chesterton: "Damos las gracias antes de comer. Muy bien. Pero yo doy las gracias antes del concierto y la ópera, y también antes de la obra de teatro y la pantomima, y antes de abrir un libro, y antes de dibujar, pintar, nadar, practicar esgrima o boxeo, caminar, jugar, bailar, y también antes de meter la pluma en el tintero."[4] Dios no era un pensamiento secundario a la hora de comer, sino el centro en todas las cosas que él hacía durante el día. Esto es lo que significa vivir en el sí de Dios.

¿Se ha vuelto su sí inicial a Dios como un quizá y, finalmente, se volvió un no automático? ¿Se siente alejado de Dios y ve los efectos y el descontento alrededor de usted? Posiblemente haya comenzado a creer que puede encontrar satisfacción duradera en otras cosas y se haya volcado hacia ellas considerándolas lo máximo. Solo un trago más, un programa más de televisión para escapar, un paquete más de galletas Oreo, unas vacaciones pagadas con la tarjeta de crédito, un producto más, una conversación más que evitar, alguna cosa más de lo que hace o dice, come, bebe, logra, o evita para no tener que despertar.

¿Siente que Dios le está llamando a reconciliarse con alguien o algo del pasado? ¿Siente que hay algo con lo cual Él quiere que usted lidie? Cada vez que usted piensa en ello o se siente condenado, oprime el botón de silenciado y se vuelve a dormir. "Solo diez minutos más, por favor, todavía no estoy listo para levantarme y lidiar con eso."

La ansiedad y la preocupación pueden tenerle maniatado con nudos. Sabe que se supone que debe entregar sus preocupaciones a Dios, pero sigue reteniéndolas consigo. Se ha acostumbrado a sentirse más cómodo con las preocupaciones que con la idea inquietante de dárselas a Dios. Sigue oprimiendo el botón de silenciado en lugar de despertarse y seguir adelante con su vida.

La buena noticia es que aún no es demasiado tarde. ¡Dios le anima con un resonante sí en Jesús! Él desea que usted experimente la abundancia de la vida vivida en su sí. Diga sí al poder divino en su vida para cambiar viejos hábitos e impedimentos. Diga sí al amor divino otra vez. Diga sí con un suspiro no de frustración, sino de alivio, a medida que Él se lleva todos sus no. Viva de nuevo en el sí de Dios para usted. Esta es su llamada a despertar, aquí y ahora.

"Despiértate, tú que duermes, y levántate de los muertos, y te alumbrará Cristo" (Efesios 5:14).

Capítulo dos

Sí al placer

Ama, y haz lo que quieras.

—*San Agustín*

Al vivir en Las Vegas, he conocido ciertamente a algunos personajes y he tenido algunos momentos del tipo "solo en Las Vegas." Uno de ellos ocurrió un fin de semana en la iglesia en donde sirvo: Central Christian Church. A medida que la gente iba entrando en el templo, una mujer a la que habíamos tratado de ayudar muchas veces decidió protestar en la esquina contra la iglesia portando un letrero. Que haya gente protestando contra las iglesias no es algo nuevo, y hemos enfrentado eso antes. Sin embargo, lo que me impresionó esta vez fue lo escrito en el letrero. En brillantes letras hechas a mano sobre un fondo blanco, decía: JUD WILHITE FUMA HIERBA. ¡No me lo estoy inventando! Durante todo el fin de semana, esta mujer se mantuvo allí con un letrero que decía que yo consumo drogas.

Verdaderamente, lo único que supe hacer fue reírme de lo ridículo del incidente. ¡Solo en Las Vegas! Quienes han estado en la iglesia por largo tiempo conocen mi historia. Conocí al Señor luego de cuatro años de adicción a las drogas y, en ese tiempo, fumé un *montón* de hierba. El año pasado frente a cientos de personas en nuestra iglesia en el ministerio de recuperación, pasé al frente y recibí mi medalla de reconocimiento por veinticuatro años de sobriedad. Estoy muy agradecido por la gracia de Dios y la comunidad de nuestra iglesia, la cual ha sido un lugar de sanidad para mí y para muchos otros. Conozco personalmente el camino de las drogas y otras maneras en que buscamos llenar nuestras vidas con placer. He aprendido a duras penas que solo Dios puede satisfacer los anhelos más profundos de nuestros corazones.

SI SE SIENTE BIEN

Todos queremos ser felices y todos buscamos placer en algo; la única diferencia es el camino que escogemos. Algunos buscan placer en el entretenimiento, la aprobación o el ejercicio. Algunos se ven tan atrapados en hábitos agradables repetitivos que estos terminan siendo adicciones, ya sean drogas ilegales, alcohol, medicamentos con receta, fiestas, comer en exceso, demasiadas compras, y cosas por el estilo. El deseo por el placer y la felicidad es una fuerza poderosa. Nos lleva a comprar cosas, decir cosas, comer cosas y hacer cosas. Es como una irritación que hay que rascarse.

Coincidentemente, el Dr. David Linden, profesor de neurociencia en la Universidad John Hopkins, nota que cualquier cosa, desde orar hasta comprar, apostar, tener sexo y correr, todas activan las mismas zonas interconectadas del cerebro. Él escribe en su libro *La brújula del placer:* “Usando un escáner cerebral, ahora es posible observar la activación de las conexiones cerebrales del placer en humanos. Como era de esperar, este circuito se activa con estímulos "viciosos": orgasmo, comidas dulces y grasosas, recompensas monetarias y algunas drogas psicoactivas. Lo sorprendente es que muchos comportamientos que consideramos virtuosos tienen efectos similares. El ejercicio voluntario, ciertas formas de meditación u oración, recibir la aprobación social, e incluso donar a la caridad pueden activar las conexiones de placer en los humanos. *Existe una unidad neuronal de virtud y vicio: el placer es nuestra brújula, sin importar el camino que tomemos.*"[5] Me parece asombroso que tanto la virtud (acciones buenas, sanas y espirituales) como el vicio (hechos potencialmente destructivos y pecaminosos) activen las mismas zonas de placer en el cerebro.

El Dr. Robert Galbraith Heath, quien fuera jefe del Departamento de Psiquiatría y Neurología de la Universidad de Tulane, realizó a mediados del siglo XX algunos estudios que fueron luego considerados poco éticos. Su meta era ayudar a las personas con trastornos psiquiátricos estimulando el cerebro con electrodos implantados.

Los electrodos fueron colocados en los cerebros de varios individuos. Después de una recuperación de tres meses, los investigadores comenzaron a estimular ciertas áreas del cerebro y permitir que los pacientes mismos controlaran la estimulación. Cuando se le permitió a un paciente masculino estimular el área de placer de su cerebro, él lo hizo una y otra y otra vez, a expensas de cualquier otra cosa. Otra mujer "se autoestimuló durante el día dejando a un lado su higiene personal y deberes familiares. Una ulceración crónica apareció en la punta del dedo usado para ajustar el dial de amplitud, y con frecuencia intentaba alterar el aparato para incrementar la intensidad de la estimulación."[6]

Es como si casi no pudiéramos evitar regresar a aquello que satisfaga nuestra necesidad de placer. Sin embargo, el reto con el placer es que sin importar lo mucho que nos rasquemos, la picazón siempre regresa. No importa lo mucho que logremos, con quién conectemos, cómo nos entretengamos, o aumentemos la intensidad, nunca estamos satisfechos. ¿En dónde encontramos el placer más duradero que brinda también placer a Dios? Contrariamente a lo que muchos puedan decirle, no es en un casino de Las Vegas.

LA BUENA VIDA

Salomón se hubiera sentido como en casa en Las Vegas considerando la manera en que se entregó a los placeres de todo tipo para encontrar satisfacción duradera. Él hizo su propia versión de fiesta de fin de semana largo. Él escribió lo siguiente: "Me dije: 'Vamos, probemos los placeres. ¡Busquemos «las cosas buenas» de la vida!'" (Eclesiastés 2:1, NTV).

En lugar de acudir a un amigo o mentor de confianza para buscar consejo sobre cómo vivir, se dijo a sí mismo: "Solo se vive una vez… ¡ahora o nunca!" Esto nos recuerda lo engañoso que es el corazón humano y que con frecuencia nos desvía. Salomón nos cuenta lo que hizo luego: "Junté grandes cantidades de plata y de oro, el tesoro de muchos reyes y provincias. Contraté cantores estupendos, tanto hombres como mujeres, y tuve muchas concubinas hermosas. ¡Tuve todo lo que un hombre puede desear! De modo que me hice más poderoso que todos los que vivieron en Jerusalén antes que yo, y mi sabiduría nunca me falló. Todo lo que quise lo hice mío; no me negué ningún placer" (Eclesiastés 2:8-10a, NTV).

Salomón vivió al máximo el estilo de vida promocionado en Las Vegas. Lo hizo a lo grande, comprando todo lo que quiso, tuvo los mejores entretenimientos, la mejor comida, las mejores fiestas y el mejor sexo. Disfrutó de todo lo que persona alguna pudiera desear tan pronto como lo deseara. "No me negué ningún placer", escribió; en otras palabras, se dio a cada impulso sin refrenarse de nada. Como ejemplo, tuvo 300 esposas y 700 concubinas para satisfacer cada tipo de placer sexual. Si él viniera a Las Vegas, ¡habría necesitado un ala completa del hotel Mirage tan solo para sus mujeres!

Él se permitió complacer cada apetito en busca de la satisfacción. Dice: "Decidí alegrarme con vino" (Eclesiastés 2:3). Su autobiografía menciona que pensó cuidadosamente en esto. Salomón no salió simplemente a emborracharse, sino que salió buscar la vía que le produjera mayor placer. Se volvió a la música y tuvo a los mejores cantantes y músicos de su día actuando para él. Construyó lujosos edificios y disfrutó de comediantes y actores de su tiempo, todos intentando hacerle reír. Aun así, al final, reducir la vida tan solo a lo que se puede ver, probar y tocar no pudo satisfacerle. Él escribe: "Pero descubrí que eso también carecía de sentido. Entonces dije: 'La risa es tonta. ¿De qué sirve andar en busca de placeres?'" (Eclesiastés 2:1-2, NTV).

Salomón buscó el placer para su propio bien, motivado por la autogratificación y la autoindulgencia. Sometió a todas las cosas (naturaleza, personas, posesiones) a que le dieran placer. Hizo del placer la meta máxima y le falló. Como Mick Jagger de los Rolling

Stones lo dijera algunos miles de años después, no pudo conseguir satisfacción.

La palabra "placeres" en estos versículos viene de la palabra hebrea que significa "gozo" y "alegría." En toda la Biblia el placer es considerado tanto como algo peligroso como un regalo de Dios. Pablo advierte sobre aquellos "amadores de los deleites más que de Dios" (2 Timoteo 3:4). El placer puede llevarnos por un camino de pecado y desobediencia a Dios. Si usted basa su vida y felicidad en la búsqueda del placer, hallará un montón de remordimientos, sinsentido y, finalmente, insatisfacción. Demasiado de algo bueno, incluso, sigue siendo demasiado.

El ejemplo de Salomón pone en claro que la lucha humana con el placer no es algo nuevo. De hecho, existen dos escuelas de filosofía mencionadas directamente en la Biblia: los estoicos y los epicúreos. En Hechos leemos que los filósofos estoicos y epicúreos comenzaron a disputar con el apóstol Pablo en Atenas, Grecia (17:18). Ambos grupos buscaban el placer, pero eran enemigos irreconciliables. Ambos eran escépticos sobre la verdad absoluta y deseaban saber cómo podemos llegar a ser felices.

Los estoicos se aferraban a un tipo de fatalismo en donde todo estaba predeterminado. La vida estaba basada en la lógica y la virtud, y las cosas externas no debían tener impacto alguno, ya fuera el placer o el dolor. Los epicúreos buscaban la felicidad en el hedonismo, el máximo placer y la evasión del dolor. Si se siente bien, entonces es bueno, y si duele, entonces obviamente es malo. El propósito de la vida es experimentar la felicidad. Pero se encontraron con la contradicción del placer como objetivo: Si alcanzas tus metas de placer terminas aburrido, pero si no satisfaces tus deseos terminas frustrado. Así que la gente se encuentra básicamente atrapada hasta cierto grado entre el aburrimiento y la frustración. Ellos buscaban alcanzar el equilibro con la moderación.

En ambas escuelas de filosofía vemos la búsqueda del placer como un medio de lidiar con la vida. Felizmente, la Biblia ofrece otra forma de considerar el placer y el dolor, y tiene mucha sabiduría que compartir en lo que se refiere a cómo obtener lo mejor de la vida. Fuimos creados para desear placer, y experimentamos el mayor placer al regocijarnos en Dios y disfrutar todo en la vida como sus criaturas. En este sentido, Dios dice sí al placer.

TODO ES BUENO

Cuando me convertí en cristiano, no podía ver el sí de Dios tal como se relaciona con el placer. Al haber salido de varios años de adicción, había experimentado personalmente el vacío del placer fuera de Dios. En mi deseo profundo por limpiarme y enderezarme necesitaba decir no a muchas de las cosas que antes me gustaban.

Sutilmente proyecté también este no en otras áreas de mi vida. Supuse que en realidad Dios no deseaba que me divirtiera, que riera, que experimentara alegría en los placeres simples que encontramos en la comida y las personas. Amplié el no de Dios más allá de lo que Él había dicho en su Palabra. En la universidad regalé casi toda mi ropa a los indigentes, me sentía culpable por tener un auto, incluso uno de segunda mano, e hice lo mejor que pude por no "amar al mundo" evitando al mundo por completo. Lo que vemos en la Biblia es que cosas como la risa, la alegría, la gente, el dinero y la comida fueron todas ellas creadas por Dios para dar placer. En Génesis, Dios corona su creación de personas, plantas, árboles y animales con las palabras "todo era bueno" (1:31). Aunque vivimos en un mundo caído, todavía experimentamos esta creación buena.

Algunos momentos me recuerdan la simple bondad de la creación de Dios de maneras innegables. Recientemente, en unas vacaciones familiares, condujimos frente a unos campos de fresas en California en donde se pueden recoger algunas, directo de la granja. Nos detuvimos y compramos algunas, y lo único que podía escuchar eran los oh y ah de mi minivan. ¡Las fresas sabían deliciosas! Dios inventó el sabor puro y dulce de las fresas.

¿Ha caminado alguna vez por el bosque después de haber nevado? El aire es tan limpio y fresco, y todo está completamente silencioso. Los árboles están adornados de blanco y la nieve nueva se hunde bajo sus pies a medida que camina. Respira hondo, y al exhalar mira su aliento en el aire frío y piensa: *Esto es tan hermoso.* Dios hizo todos los detalles e hizo que fueran todos muy hermosos.

Quizá recuerde un momento de conexión especial con alguien, en el que se sintió tan cerca de la otra persona, tan aceptado… tan entendido. Cuando recuerda a esa persona abrazándole, el sentimiento de amor es sencillamente increíble. Esto emana de Dios y es muy, pero muy bueno.

Lo que es trágico, sin embargo, es que aunque Dios es el inventor del placer, la persona promedio cree en su mente que Él es algo así como un Mata-alegrías cósmico. Cree que Dios es un policía de tráfico que todo lo ve y todo lo sabe, que busca gente que se esté divirtiendo para poder arrestarla.

Vemos a Dios como los niños ven a sus padres cuando ellos les ponen límites. No sé cómo sean sus hijos, pero los míos podrían comer dulces y ver televisión todo el día. Agregue platillos de Taco Bell y videojuegos, y estarán en el paraíso. No les gusta que les imponga límites. Aun así, porque quiero que mis hijos lleguen a ser seres humanos decentes, competentes y bien nutridos, no quiero que tengan demasiado de lo que ellos perciben como algo bueno. Les impongo límites, que con frecuencia son retados.

Les puedo decir a mis hijos: "Muy bien, hora de terminar de jugar, ya es suficiente." Entonces escucho el típico: "Vamos, papá, solo un juego más."

Les digo: "Hora de dejar la computadora y prepararse para ir a dormir."

"¡Por favoooooooor, papá, solo una hora más!".

Me dicen: "Papá, ¿puedo comer una galleta?" y tan pronto como el sí sale de mi boca, puedo escuchar: "¿Puedo comerme dos galletas?"

Cuando digo no, nuestros hijos me miran como si fuera un ogro. Actúan como si yo fuera el guardia de seguridad más restrictivo que jamás haya tenido el trabajo de padre. Se enfurruñan, lloriquean, arrastran los pies, y algunas veces simplemente no escuchan. Se olvidan de esta importante verdad: ¡Yo les compré el juego, les di las galletas y les leí el cuento para ir a dormir! No soy el monstruo desesperado por hacer que no se diviertan; *soy quien trajo todas esas diversiones a sus vidas.* Quiero que jueguen, que disfruten de chucherías y escuchen historias, pero mi preocupación principal no es solo que se diviertan, sino que se desarrollen bien. Sé lo único que no pueden ver sus ojos hipnotizados por los caramelos en ese momento.

El camino que quieren seguir, el de las galletas, los dulces, los juegos y nunca dormir no les llevará a un lugar que merezca la pena. Y eso es lo que sucede con los placeres: son buenos, Dios los creó y nos permite que disfrutemos de ellos. Pero cuando los buscamos por encima de cosas que son más importantes, como la propia salud, las relaciones personales y la vida espiritual, terminamos atrapados en un lugar en el que nunca quisimos estar. Un lugar que no es sano. Un lugar que Salomón le diría que carece de sentido.

EL CAMINO AL PLACER

El problema del placer "bajo el sol" es que mientras más lo experimente, menos le satisfará. Quiero decir, nada me hace pensar más en el placer que el helado de vainilla casero Blue Bell. Este fantástico pedacito de cielo se hace en Texas y todavía no está disponible en Nevada, pero un amigo mío recientemente me envió cinco galones empacados en hielo seco. (¡Eso sí que es un amigo!) Después de un largo fin de semana de servicios en la iglesia, llegué a la casa el domingo por la tarde y me premié a mí mismo con una enorme merengada de helado y Coca-Cola. Es delicioso, pero si pensara en tomarme otra más, sé que me empalagaría. No tengo estómago para tanto. Mientras más merengada tome, menor será mi satisfacción.

La neurociencia ha revelado hallazgos similares con la adicción. Un ejemplo es que aquellos que son adictos a la droga no reciben mayor recompensa por drogarse. Como el Dr. John Linden lo expresó: "De hecho, parece que *quieren más pero lo disfrutan menos.*"[7] Las drogas y sustancias adictivas no proporcionan una satisfacción duradera.

Cuando nuestro camino al placer se ve bloqueado, nos frustramos porque creemos que si solo tuviéramos un poco más, seríamos felices. Pensamos que si tuviéramos más dinero, entonces podríamos tomar aquellas vacaciones, o renunciar a aquel empleo, y entonces seríamos felices. Si solo tuviéramos más tiempo libre, entonces llevaríamos adelante aquel pasatiempo para el cual no tenemos tiempo y haríamos aquel proyecto con el que soñamos siempre. Si nuestro cónyuge simplemente estuviera de acuerdo, si nuestro jefe no fuera un estúpido, si los clientes no fueran terribles, si nuestros hijos fueran obedientes, o si Dios no tuviera esos Diez Mandamientos, entonces podríamos finalmente hallar el placer que buscamos. Nos sentiríamos bien todo el tiempo.

Pero según Salomón, quien tuvo todo el tiempo, dinero y libertad moral para seguir el camino del placer más allá de lo que cualquiera de nosotros podría hacerlo, estos no son controles de carretera: "Entonces llegué a la conclusión de que no hay nada mejor que disfrutar de la comida y la bebida, y encontrar satisfacción en el trabajo. *Luego me di cuenta de que esos placeres provienen de la mano de Dios*. Pues, ¿quién puede comer o disfrutar de algo separado de él?" (Eclesiastés 2:24-25, NTV, cursivas añadidas).

Incluso Salomón en su estado confuso, reincidido y alejado de Dios se dio cuenta de que los placeres duraderos vienen de Dios. No vienen del dinero, el tiempo, la libertad, el poder o la influencia, sino de la mano de Dios. Sin Dios, no hay una definitiva vida feliz.

Cuando se busca el placer por el placer mismo, es una espiral opresiva que lleva a la insatisfacción. Es como mis merengadas de helado y Coca-Cola; más no las hace mejores. Pero si buscamos a

Dios, encontramos placer en las cosas sencillas: un mundo de alegrías sencillas y placeres profundos que siempre crecen y se expanden, a veces cuando menos lo esperamos.

Una persona vive una vida de encuentros sexuales casuales cada noche, pero con cada ocasión se siente menos conectado. Otra persona se compromete en una relación en la que se honra a Dios y encuentra placer en conectarse, compartir intimidad y un compromiso confiable.

Una persona vive para los fines de semana, gastando todo su sueldo en cosas de las cuales ni siquiera se acuerda a la mañana siguiente. Otra persona da su vida, tiempo y recursos a Dios cada día y encuentra propósito, sanidad y alegría que jamás olvidará.

Una persona escapa en la botella, un videojuego o películas y pierde su vida, trago a trago, un nivel tras otro, hora a hora, buscando un placer que se reduce cada vez más. Otra elige el trabajo duro de enfrentar sus errores, volver a perseguir sus sueños y compartir el amor que Dios ha compartido con él o ella.

Todos debemos preguntarnos: "¿Soy alguien que busca placer, pero que cada vez lo siente menos? ¿O soy la persona que busca a Dios, deseando más de Él a medida que experimento una relación con Él?"

ZONA DE PELIGRO

Como cualquier padre, Dios se deleita cuando sus hijos encuentran gozo en lo que Él ha creado. Solo porque el placer puede llevar a lugares peligrosos no significa que debamos ser reaccionarios o evitarlo por completo. La respuesta no es huir de todo tipo de baile, prohibir toda forma de sexo o negarse un trozo de pastel, sino disfrutar las cosas en su contexto adecuado y no esperar de ellas más de aquello para lo cual fueron creadas.

El sexo es un regalo de Dios para ser disfrutado dentro del contexto del matrimonio. El vino es mencionado con frecuencia en la Biblia, pero la borrachera es un pecado. La comida es para ser celebrada y disfrutada, pero no a expensas de nuestra salud.

Los placeres deben ser controlados, pero no deberían ser evitados por los cristianos simplemente porque *podrían* alguna vez provocar problemas. Casi cualquier cosa en nuestras vidas podría llevar a una adicción si lo permitimos. La comida es maravillosa, pero de manera descontrolada puede conducir a la obesidad y a todo tipo de problemas de salud. Nada se siente mejor que una buena noche de sueño cuando estamos cansados, pero si dormimos en exceso todos los días podemos volvernos perezosos y desperdiciar nuestras vidas. Un trago puede animar una cena o conversación, pero podemos terminar bebiendo de una alcantarilla.

El trabajo puede ser significativo y cautivador, pero puede terminar usted siendo un adicto al trabajo en detrimento de su familia. Comprar puede ser lo máximo, pero puede terminar preocupado con el aumento de sus deudas. Los medicamentos con receta pueden ayudar a su cuerpo a sanar y ayudan a lidiar con el dolor, pero pueden ser utilizados en exceso y conducir a una dependencia destructiva. Los deportes son divertidos, pero obsesionarse con el avance de su equipo favorito puede conducir a la depresión (no que me haya pasado a mí, por si acaso). Los placeres son regalos que pueden ser disfrutados en Dios, pero cada uno de ellos puede ser peligroso.

Raramente consumo alcohol, y en las raras ocasiones en que lo hago, siempre es con otros y en una situación social apropiada. Incluso cuando luché con la adicción a las drogas, el alcohol jamás fue una tentación para mí. Pero tengo muchos amigos que casi destruyeron sus vidas por culpa del alcohol. Ellos ni siquiera pueden tocarlo, y no me gusta que nadie beba cuando está cerca de ellos.

El abuelo de mi esposa fue alcohólico por muchos años y eso marcó profundamente a su familia. Ella creció yendo a reuniones de Alcohólicos Anónimos con su abuelo, y la única ocasión en que celebraron a su abuelo fue en su día de sobriedad. Cualquier forma de alcohol estaba prohibida para él, pero eso no quiere decir que esté prohibida para los demás. No haga que su problema sea el problema de todo el mundo, y sea respetuoso con las luchas de los demás.

Pablo escribe sobre la libertad que tenemos en Cristo. El dice: "Ustedes dicen: «Se me permite hacer cualquier cosa», pero no todo les conviene. Y aunque 'se me permite hacer cualquier cosa', no debo volverme esclavo de nada" (1 Corintios 6:12, NTV). Pablo cita una afirmación que era común en la comunidad cristiana para celebrar la libertad que Dios da en Cristo. Pero esto no es una autorización para pecar. Cualquier cosa que nos controle se puede volver un problema.

Nuestros cuerpos son mucho más que máquinas biológicas para el placer. Somos seres espirituales, y la manera en que tratamos nuestros cuerpos importa. Pablo continúa: "Ustedes dicen: 'La comida se hizo para el estómago, y el estómago, para la comida'. (Eso es cierto, aunque un día Dios acabará con ambas cosas). Pero ustedes no pueden decir que nuestro cuerpo fue creado para la inmoralidad sexual. Fue creado para el Señor, y al Señor le importa nuestro cuerpo" (1 Corintios 6:13, NTV). No podemos reducir el sexo simplemente a un acto físico para obtener placer físico; el sexo también es un acto espiritual con consecuencias espirituales. Fuimos hechos para Dios, y cuando vivimos para Él, podemos disfrutar de los placeres que Él provee. El sexo, la comida, el descanso y la bebida son cosas buenas, pero debemos tener sabiduría y discernimiento para no distorsionarlas.

Una de las mayores indicaciones de que algo se ha vuelto un problema es cuando comenzamos a mantenerlo en secreto de aquellos a quienes amamos. Cuando comenzamos a esconder tarjetas de crédito, a escabullirnos para beber alcohol, a tomar un dulce más a pesar de nuestra alta presión arterial, solicitar la reposición de otra prescripción médica cuando sabemos que no debiéramos. Cuando nos escondemos y nos negamos a revelar a las personas más cercanas lo que sucede en nuestra vida, tenemos una gran señal de alerta de que deseamos algo más de lo que una bebida, un bocado, o una dosis pueden darnos. Hable de ello con amigos y con Dios. Enfrente al pecado porque este amenaza con robar mucho de lo bueno que Dios desea darle.

¡SÍÍÍ!

Cuando mi sobrino Austin tenía dos años, solo sabía una palabra: "sí". Lo decía con entusiasmo: "¡Sííí!" como el chico más feliz de todo el mundo. Era una delicia hacerle preguntas solo para poder escuchar su respuesta. Le decía: "Austin, ¿son los Dallas Cowboys el mejor equipo de fútbol americano de todos los tiempos?"

"¡Sííí!"

"¿Está bien que no ayude hoy a Lori con las tareas de la casa?"

"¡Sííí!"

"¿Debería alguien darme un masaje en los pies?"

"¡Sííí!"

Cuando Austin y su familia se quedaron con nosotros por una semana, pasé algún tiempo con él a solas en la sala una mañana mientras el resto de la familia se alistaba. Austin veía dibujos animados en la televisión, y pensé que sería un magnífico momento para cambiar de canal para ver deportes.

Olvidé la regla número uno sobre los niños pequeños: jamás te metas con la televisión cuando están mirándola tranquilos. Cuando tomé el control remoto para mirar el canal de ESPN, Austin miró la pantalla confundido por un minuto y luego me vio a mí como si me hubiera vuelto loco. Volvió a mirar la televisión y luego a mí. Él no estaba pensando en *¡Sííííííííí!* Todo su cuerpo comenzó a temblar y su rostro se volvió rojo. Respiró hondo y se preparó para gritarle a todo pulmón a su completamente insensible y desquiciado tío.

Inmediatamente busqué algo con que distraerlo de la situación, y vi un cupcake cerca. Lo sostuve en alto delante de él cuando estaba a punto de desahogarse: "Austin, ¿quieres?" Gritó por medio segundo y luego soltó un "¡Sííí!" Tomó el cupcake con las dos manos y fue un pequeñín feliz de nuevo.

No sabía si oficialmente Austin era lo suficientemente mayor para comer cupcakes, pero situaciones desesperadas justifican medidas desesperadas. Vimos un poco de deportes y saboreamos juntos el cupcake, ¡lo cual era de todas formas mucho mejor que los dibujos animados matutinos! Austin me recuerda que aquello en lo que nos enfocamos tiene un gran impacto en nosotros. Podemos hallar mucho placer en algunas cosas, pero finalmente alguien cambia el canal o apaga el televisor. La fuente última de placer que perdura la encontramos en Dios mismo y en decir "¡Sííí!" a Él. "Gustad, y ved que es bueno Jehová; dichoso el hombre que confía en él" (Salmo 34:8). Cuando vivimos para Él, cuando probamos y vemos lo bueno que es Él, experimentamos un placer duradero a pesar de los altibajos de la vida.

Cada placer temporal encuentra una gratificación mayor cuando damos gracias a Dios por él. Usted disfruta de una buena comida, pero al dar las gracias a Dios por ella, el placer temporal se cimenta sobre algo mucho mayor. Disfruta de un bello atardecer, pero en lugar de quedarse allí, lo transforma en un momento de adoración. Observa a sus hijos dormir y recuerda quién se los confió a usted. Cada pequeño placer es una oportunidad para dar gracias a Aquel que lo dio y decirle sí a Dios.

Conocer a Dios y experimentar su bondad nos proporciona placer no solo por breve tiempo, sino para siempre. David oró: "Me mostrarás el camino de la vida, me concederás la alegría de tu presencia y el placer de vivir contigo para siempre" (Salmo 16:11, NTV). Cuando decimos sí a Dios en cada momento, vivimos en su presencia y allí hallamos gozo. Hemos sido hechos para este deleite, y seguiremos buscándolo en cualquier otra parte hasta que lo hallemos en Él. Dios permite que experimentemos no solo el gozo de su presencia hoy, sino también el placer de vivir con Él para siempre. Mientras más cerca esté de Dios, más experimentará este placer.

Nuestra cercanía a Dios culminará finalmente en el cielo algún día. Pero la esperanza del cielo no es solo un estado de gloria de no más llanto. La mejor parte del cielo no es que volveremos a ver a seres queridos que partieron antes que nosotros o que recibiremos nuevos cuerpos. La mejor parte del cielo es que Dios está allí y experimentaremos más de Él. ¡Viviremos en el placer de su compañía por siempre! Dios no es el obstáculo, sino el camino al placer duradero.

Capítulo tres

Sí al trabajo

> Si su destino es ser barrendero, limpie las calles como Miguel Ángel pintaba cuadros, como Shakespeare escribía poesía, como Beethoven componía música…
>
> —*Martin Luther King, Jr.*

Un verano trabajé cocinando desayunos para la cadena de restaurantes Grandy's. Para quienes no conozcan mucho de ella, Grandy's proporciona una versión de comida rápida de Cracker Barrel, aquel tipo de comida casera que le servía su abuela, o al menos esa es la idea. Sin duda alguna, Grandy's fue el peor trabajo que jamás haya tenido. No fue por el empleo en sí o la compañía, sino porque mi jefa era verdaderamente una latosa.

Calzaba zapatos deportivos negros con suelas extra gruesas y siempre llevaba la camisa color crema de Grandy's bien planchada y por dentro del pantalón. Su perfectamente colocada placa de identificación lo decía todo: MARY, GERENTE. Yo quería creer que "Mary, madre" o "Mary, amiga" era una buena persona, pero "Mary, Gerente" era otra cosa.

Desde el momento en que salía de mi trabajo hasta que la alarma se disparaba a las 3:15 de la madrugada a la mañana siguiente, temía ver a Mary. Mis responsabilidades incluían llegar al trabajo a las 4 de la mañana para comenzar a preparar la salsa de carne para el día. Como "Mary, Gerente" me recordaba siempre, solo habría una oportunidad al día para hacer la enorme olla de salsa. Si no quedaba bien, no habría tiempo de corregirla en el ajetreo del desayuno. El futuro de la experiencia salsera de todos en Grandy's descansaba sobre *mis* hombros. Y como Mary era rápida para atestiguar, yo ya había arruinado el desayuno de algunos clientes más de una vez.

Si alguna vez ha visto el personaje de la serie *Seinfield* conocido como "el nazi de la sopa", entonces entenderá lo que quiero decir cuando digo que Mary era la Nazi de la salsa. Cada mañana entraba después de que yo hubiera preparado la enorme olla de la salsa, llamándome para que estuviera junto a ella para probarla. Lentamente metía su cuchara en la salsa, olía como si fuera una entendida en vinos, se la llevaba a los labios y la probaba. De vez en cuando hacía un gesto de desdén y decía: "Pasable", pero la mayoría de las veces montaba un berrinche y me regañaba hasta me sentía más pequeño que una cucaracha: "¿Y te haces llamar un cocinero de salsa?" Bueno, de hecho no estoy seguro de haber incluido eso alguna vez en mi currículum.

Después de la paliza verbal, Mary se iba y yo probaba la "horrible" salsa de carne, que siempre sabía igual para mí. Después de todo, siempre seguía la misma receta y medía los ingredientes exactamente como la Abuela Grandy la había escrito. Es decir, ¡estaba perdiendo el sueño por aquella salsa! Entonces finalmente me di cuenta de que su respuesta a la salsa tenía más que ver con su humor en dicha mañana que con la salsa misma. No hace falta decir que me sentí muy aliviado cuando conseguí otro empleo y les notifiqué que me iría. Incluso ahora soy incapaz de ver un salsera sin que me sienta un poco indispuesto.

OBRAS PÚBLICAS

Ya sea que usted haya trabajado o no para un nazi de la salsa, todos sabemos lo que son las dificultades en el trabajo. Quizá simplemente desearía librarse de un jefe opresivo o un empleo terriblemente aburrido. Tal vez pensó que su trabajo sería un sueño, pero las innumerables horas, problemas y conflictos terminan agotándolo y demandando más y más. De repente, ya no es el empleo soñado. Quizá sienta que escogió la carrera equivocada y desearía tener el valor de cambiar de trabajo. Muchas personas sueñan con dejar su trabajo actual y comenzar su propio negocio. Pero incluso aquellos suficientemente afortunados para considerarse a sí mismos emprendedores luchan todavía con el trabajo.

La mayoría de personas no tienen el empleo soñado y se sienten afortunados de al menos tener empleo, incluso si no se sienten tan afortunados cuando conducen al trabajo. Según un estudio de 2009, el 55 por ciento de los estadounidenses, más de la mitad, no están satisfechos con sus empleos. Este ha sido el número más bajo en los últimos veintidós años.[8] Podemos estar viviendo en mejores casas y tener mejores cosas, pero el constante consumismo no nos ha proporcionado a la mayoría de nosotros vidas más gratificantes y menos estresantes.

Piénselo por un momento. En una escala del 1 al 10, ¿cuánto disfruta usted de su trabajo actual? Cuando piensa en las áreas de su vida que más ama, ¿el trabajo pasa alguna vez por su mente? Podemos preguntarnos incluso: ¿es posible trabajar y ser feliz? ¿Podemos disfrutar lo que hacemos para ganarnos la vida?

Si alguna vez alguien tuvo el trabajo soñado, seguramente fue Salomón. Reinó en tiempos de paz, lo que significó que no tuvo guerras que librar, por lo que comerciar con otras naciones era posible. Su país crecía y el trono estaba seguro. Todo lo que hacía se convertía en oro. Salomón se entregó a su trabajo. Construyó edificaciones imponentes, sus viñedos producían los mejores vinos, aseguró tratados de negocios y comercio con otras naciones hasta hacerse increíblemente rico. Salomón "hizo que en Jerusalén la plata fuera tan abundante como las piedras" (1 Reyes 10:27, NTV). No sufrió del tráfico horrendo por las mañanas, no se tuvo que preocupar por cosas como el plan de seguros o retiro. Él no trabajaba para "alguien importante;" él *era* ese alguien importante.

Más adelante en la vida entró en la fase en que podía disfrutar completamente de todos sus logros. Podía elevar los pies y gozar de las recompensas de su labor. Sin embargo, al recordar sus logros dijo: "Llegué a odiar todo el trabajo que hice en este mundo porque tengo que dejarles a otros lo que yo he ganado. ¿Y quién sabe si mis sucesores serán sabios o necios? Sin embargo, ellos se van a apoderar de todo lo que yo he adquirido bajo el sol a través de mi destreza y esfuerzo. ¡Qué absurdo! Así que, desilusionado, me di por vencido y cuestioné el valor de todo mi duro trabajo en este mundo" (Eclesiastés 2:18-20, NTV).

Muchísimas personas se encuentran en el mismo estado emocional, habiéndose desilusionado de su trabajo. Simplemente dejan que el tiempo pase, marcando en su tarjeta las horas de llegada y de salida, esperando a que el día de trabajo se acabe. A Salomón le molestaba particularmente que todas sus riquezas al final fueran a pertenecer a otros después de él, y que ellos pudieran malgastarlas estúpidamente.

De hecho, sus temores estaban bien fundados. Salomón terminó dejando sus riquezas a su hijo Roboam, quien perdió más del ochenta por ciento del reino que Salomón había establecido firmemente con tanto trabajo (véase 1 Reyes 12). Salomón parece haberse dedicado al trabajo como un medio para enriquecerse y sentirse bien consigo mismo. Al final, todo se volvió sal y agua. Vaya llamada de alerta en la jubilación, ¿no cree?

TRABAJAR PARA EL FIN DE SEMANA

Existe otra manera de ver nuestra vida laboral. Cuando decimos sí a Dios, esto influencia toda nuestra vida, especialmente la manera en que vemos el trabajo. La mayoría de nosotros no llegamos a experimentar un buen nivel de satisfacción en el trabajo porque raramente vemos el trabajo como un acto espiritual.

Sin embargo, cuando invitamos a Dios a estar en nuestro trabajo, podemos comenzar a experimentar una transformación. Puede que siga siendo difícil, podemos seguir orando y planear desarrollar una carrera diferente, pero Dios puede dar significado incluso a las tareas más cotidianas que realicemos. Todos hemos escuchado la frase: "Trabajo para el fin de semana." Con frecuencia, esta afirmación da a entender que el trabajo es el problema en sí mismo y, sin duda alguna, requiere esfuerzo y energía. Pero el trabajo es algo bueno creado por Dios. Cuando consideramos que pasamos un tercio de nuestras vidas trabajando y otro tercio durmiendo, nos damos cuenta de lo importante que es que pensemos en nuestro trabajo y que nos guste. Podemos tener el mismo trabajo de siempre, pero por medio de la fe podemos tener una ocupación completamente nueva.

En las primeras páginas de la Biblia leemos que "cuando llegó el séptimo día, Dios ya había terminado su *obra* de creación, y descansó de toda su *labor*" (Génesis 2:2, NTV). Dios es un Dios que trabaja. Muchas de las imágenes de Dios en la Biblia son imágenes de un trabajador. Él es descrito como un compositor, un artista, un herrero, un alfarero, un sastre, un jardinero, un agricultor, un pastor, un fabricante de tiendas y un constructor.[9]

La imagen que se presenta de Dios en las primeras páginas del Génesis está llena de trabajo. Él crea, lleva a cabo, labora y trabaja, y luego, el séptimo día, descansa de todo su trabajo. Todas estas funciones y esfuerzos nos recuerdan la importancia que tiene el trabajo para Dios. Si Dios trabaja, entonces el trabajo debe de ser algo bueno.

Al ser creados a imagen de Dios, Él nos creó también para trabajar. Después de que Dios creara a los seres humanos en el Génesis, plantó un jardín y "puso al hombre en el jardín de Edén para que se ocupara de él y lo custodiara" (Génesis 2:15, NTV). Hay un montón de chistes sobre la profesión más antigua del mundo, pero en realidad el primer trabajo en existir fue el de jardinero y hortelano. Tan pronto como los humanos fueron creados, el trabajo fue creado también porque cuando trabajamos, cuando cuidamos de las cosas, hacemos cosas, protegemos cosas, somos como nuestro Creador.

En la narración de la creación en Génesis, leemos dos veces que los seres humanos debían "gobernar" sobre la tierra (Génesis 1:28). Debemos reinar sobre los peces del mar y las aves de los cielos. El autor cristiano Andy Crouch nota lo increíble que es que "el autor bíblico que no había visto ni aeronaves ni submarinos, y para quien los botes eran objetos pequeños y rudimentarios, pudiera anticipar que la humanidad 'reinaría' sobre los peces y las aves de manera significativa."[10] Sin embargo, Dios predijo los eventos de los siguientes miles de años y comunicó su voluntad de que fuéramos responsables del manejo de toda su creación.

Más adelante en Génesis, después de que Adán y Eva comieran del árbol prohibido del conocimiento del bien y del mal, tenemos el primer despido laboral (mucho antes de Donald Trump) cuando Dios los expulsa del jardín. La mayoría piensa que aquí fue cuando Dios maldijo el trabajo, pero cuando leemos el texto, Dios maldijo la *tierra*, lo que haría que el trabajo demandara más esfuerzo, y no el trabajo en sí mismo. Dios dice: "Toda tu vida lucharás para poder vivir de ella [la tierra]" (Génesis 3:17, NTV). El trabajo es una bendición que ahora está lleno de dificultades, luchas y costos para sobrevivir, pero sigue siendo un regalo.

Fuimos hechos para trabajar. Piense en las personas jubiladas, ¡la mayoría de las cuales son las personas más ocupadas que conozco! No reciben un sueldo, pero trabajan. A mi papá le encantaba recoger equipos de sonido en ventas de segunda mano. Todo el armario de una habitación libre de la casa estaba lleno con caseteras conectadas con videograbadoras, reproductores de CD y reproductores vehiculares de música. Cuando sus amigos necesitaban pasar una vieja grabación a una cinta de video, o una cinta antigua de música a un CD, mi papá se ofrecía a ayudarlos. Él colocaba cables y presionaba botones en todos esos equipos antiguos de segunda mano, y terminaba por hacerlos funcionar. ¡Le encantaba hacerlo!

Mi papá estaba haciendo lo que le divertía, pero aun así seguía trabajando. Siempre estaba ocupado grabando cintas, o ayudando a otros a arreglar su casa, o colaborando con alguna organización sin fines de lucro en el mantenimiento de sus edificios. Él entendía que no estábamos hechos para permanecer sentados sin hacer nada. Cuando la gente se jubila y deja de salir y hacer cosas, su salud y bienestar emocional se ven rápidamente afectados. No fuimos hechos simplemente para trabajar; *necesitamos* trabajar. Sin el trabajo, perdemos el sentido de nuestro propósito e identidad, el sentido de para qué estamos en la tierra. Cuando mis hijos juegan juntos, especialmente cuando solo usan la imaginación y recrean un mundo de seres de peluche, a veces escucho sus conversaciones y, adivine qué, el tema es siempre sobre el trabajo. Hablan de levantar casas y avenidas, tiendas y normas, y elaborar cosas. Están supervisando y ocupándose de cosas. Juegan a trabajar.

Dios se deleita cuando traemos el orden al caos, o ponemos algo bueno o hermoso en el mundo, cuando ayudamos a otras personas que lo necesitan, o usamos nuestros talentos para servir a otros. Incluso en los cielos tendremos trabajos importantes que hacer. En lo que se refiere a nuestra satisfacción con la vida y con nuestros trabajos, el trabajo no es el problema.

GAJES DEL OFICIO

En la Biblia encontramos todo tipo de trabajadores interactuando con Dios, siendo usados por Él y alabándole a Él: agricultores, pastores, músicos, artistas, herreros, políticos, líderes militares, trabajadores públicos, fabricantes de tiendas, amas de casa, pescadores, carpinteros, costureras, carceleros, recaudadores de impuestos, hosteleros y vendedores. De hecho, el erudito bíblico Paul Minear escribe que en la Biblia encontramos "un álbum de fotografías casuales de trabajadores… Un libro de trabajadores, sobre trabajadores, para trabajadores."[11] La mayoría de los trabajadores no se encuentran en áreas de trabajo religioso. Hacían todo tipo de trabajos en sus culturas respectivas, desde grandes tareas de liderazgo hasta la más humilde de las labores cotidianas. Aun así, su trabajo no estaba separado de su fe.

Esto lo podemos ver en Génesis cuando se le dio la tarea a la humanidad de que "labrara" la tierra (2:15). En el idioma original, "labrar" también se traduce como "trabajo", "servicio", "artesanía" y sorprendentemente en algunos contextos, "adoración." El término se usa para describir el trabajo que los israelitas hacían al fabricar ladrillos y trabajar en los campos mientras fueron esclavos en Egipto (Éxodo 1:14), los artesanos que trabajaban en el templo (Éxodo 35:24) y aquellos que fabricaban lino fino (1 Crónicas 4:21). Salomón usó el término cuando ordenó que los levitas y sacerdotes dirigieran al pueblo en la adoración (véase 2 Crónicas 8:14). Aunque el término tiene sus propios matices, existe una interconexión entre trabajo, servicio y adoración. Ya sea que estemos trabajando como costureras, colocando ladrillos en una construcción, o dirigiendo a la gente durante el servicio dominical; lo que hagamos es trabajo y también es adoración al mismo tiempo.[12]

Hoy día, sin embargo, nos gusta colocar las cosas dentro de las categorías de secular y sagrado. Tenemos música secular y música sagrada, edificios, espacios y trabajo. Con esta visión comenzamos a ver nuestras vidas como gofres con pequeños recuadros que separan nuestra vida laboral, nuestra vida eclesiástica, nuestra vida amorosa, las vidas de nuestros hijos, y así sucesivamente. Jesús nos llama a vivir una vida más integrada, más como un plato de fideos chinos, todo en el mismo plato y entrelazados entre sí.

Dios no es uno de los recuadros en el gofre, Él es más bien la harina de trigo de la cual están hechos los fideos. Él no es una parte de su vida, sino más bien el ingrediente de cada pieza entrelazada de nuestras vidas. Él nos llama a ver nuestras vidas de manera espiritual. No solo tenemos tiempo para la familia, tiempo para la iglesia y tiempo para el trabajo; todo es *tiempo para Dios*. La maravillosa noticia es que podemos ir al mismo trabajo de siempre, pero podemos tener una ocupación completamente nueva. Pablo nos plantea un reto en la Biblia: "Trabajen de buena gana en todo lo que hagan, como si fuera para el Señor y no para la gente" (Colosenses 3:23, NTV).

Piense por un momento en el título de su cargo.

Usted no es simplemente una mesera; usted es una mesera *para el Señor.*

Usted no es simplemente un portero; usted es un portero *para el Señor.*

Usted no es simplemente un director regional de ventas; usted es un director regional de ventas *para el Señor.*

Usted no es simplemente un ama de casa; usted es un ama de casa *para el Señor.*

Usted no es simplemente un vendedor; usted es un vendedor *para el Señor.*

Usted no es simplemente un maestro; usted es un maestro *para el Señor.*

Usted no es simplemente un fontanero; usted es un fontanero *para el Señor.*

Usted no es simplemente un oficial de policía; usted es un oficial de policía *para el Señor.*

Todo tiene un nuevo significado cuando lo hacemos para el Señor. Pablo reformula la idea de esta manera: "Así que, sea que coman o beban o cualquier otra cosa que hagan, háganlo todo para la gloria de Dios" (1 Corintios, NTV). El "cualquier otra cosa que hagan" incluye lavar la ropa y los platos sucios, limpiar el piso y podar el césped. Tenemos que hacer estas tareas de todas maneras, entonces ¿por qué no hacerlas siendo conscientes de que trabajamos para Dios? De esta manera tenemos más oportunidad de experimentar gratitud, alegría, y dar gracias a medida que dirigimos nuestros corazones más allá del estrés del trabajo al Dios que lo creó como una bendición.

Ahora bien, estoy seguro de que alguno estará leyendo esto, y pensando: "Muy bien, trabajar como para el Señor suena bien, pero usted no conoce a mi jefe. Usted no conoce a mis compañeros de trabajo. Son horribles. Y las cosas que tengo hacer, simplemente no me emocionan para nada. Es un sitio en tinieblas. Dios no tiene nada que ver con eso." Quizá usted no esté allí simplemente para recibir un sueldo, sino para una misión. Puede que sea difícil ver a

Dios en su trabajo, pero Él es parte de usted. Mientras usted esté allí, Él está allí. Puede que sea un lugar en tinieblas, pero la luz de Dios puede brillar a través de usted. Si su trabajo no le anima, usted puede animar su trabajo con una nueva ocupación. No estoy hablando de llevar consigo la Biblia a todas partes, de usar un lenguaje que suene a espiritual, o tratar de forzar a la gente a que cante un corito en el salón de descanso. Desde fuera las cosas pueden parecer las mismas, pero internamente usted ve las cosas de manera diferente. Es tan simple como esto: justo antes de ir a su trabajo todos los días, ore: "Señor, ahora voy a mi trabajo, pero te estaré sirviendo a ti. Ayúdame a hacer mi trabajo bien, para ti."

Unas cuantas palabras, un par de frases, un momento de reflexión sobre lo que usted está haciendo, y la influencia es exponencial. Ore antes de encender la computadora o comenzar a enviar correos electrónicos. Ore antes de marcar la tarjeta de ingreso al trabajo o antes de comenzar a mezclar los ingredientes para la salsa de carne, ¡incluso si son las 4 de la mañana! Si fuéramos a trabajar mañana con nuevas ocupaciones, imagine lo que Dios podría hacer. Imagine lo mucho que cambiarían nuestras actitudes. Lo mucho que mejoraría nuestro trabajo. Las tareas diarias que hicimos ayer estarían llenas de más significado hoy.

EL TRABAJO SOÑADO

Una mentalidad de nueva ocupación nos ayudará mucho en nuestro empleo actual, pero no debería evitar que busquemos el trabajo para el cual sentimos que fuimos creados. ¿Cuáles son los sueños que Dios ha puesto en su corazón? ¿Cuál es el gran sueño tras el cual usted iría si el dinero no fuera problema? ¿Cuál es el trabajo que más disfruta hacer?

La única manera de llegar allí es comenzando hoy con algo pequeño. Como el experto de negocios y mercado Seth Godin escribió: "Debemos dejar de buscar relámpagos. No se gana una medalla de oro olímpica con unas pocas semanas de entrenamiento intensivo. Ningún cantante de ópera se vuelve una estrella de la noche a la mañana... Cada gran compañía, cada gran marca y cada gran carrera ha sido levantada exactamente de la misma manera: gradualmente, poco a poco, paso a paso."[13] Godin tiene razón. Las posibilidades del mañana están dictadas por el trabajo duro que hagamos hoy. No existen atajos.

Pablo escribió a Timoteo: "Esfuérzate para poder presentarte delante de Dios y recibir su aprobación" (2 Timoteo 2:15a, NTV). La palabra "esfuérzate" conlleva la idea de tener una apasionada determinación por alcanzar una meta en particular. Debemos poner el máximo esfuerzo en los sueños y metas que Dios ha puesto dentro de nosotros. Timoteo fue llamado a ser un pastor y maestro. Debía tener un compromiso absoluto a dar lo mejor de sí mismo al examinar, interpretar, explicar y aplicar la Biblia.

Algunas veces creemos que podemos alcanzar nuestro trabajo soñado por medio de la suerte o de alguna oportunidad. Pensamos si tan solo mi jefe me diera un respiro, si tan solo recibiera un aumento de sueldo, si tan solo tuviera el dinero para comenzar mi negocio, y si tan solo tuviera la situación adecuada. Pero Pablo dice: "Sé un buen obrero, alguien que no tiene de qué avergonzarse y que explica correctamente la palabra de verdad" (2 Timoteo 2:15b, NTV).

La expresión "que explica correctamente" viene de un término que significa "cortar derecho." Se usaba para referirse a los artesanos cuando cortaban una línea recta, a un agricultor al arar surcos derechos, a un albañil al colocar una línea recta de ladrillos, o a trabajadores al construir una calle recta. Representa el desempeño cuidadoso de cualquier tarea. Si queremos explicar cuidadosamente la Biblia, o perseguir correctamente la carrera que Dios puso en nuestros corazones, tenemos que trazar un camino recto que nos ayude a llegar allí.

TRABAJAR EN EL TIEMPO

No es fácil ver cómo dar el salto desde donde usted se encuentra ahora a donde le gustaría estar trabajando en el futuro.

Para alcanzar esa meta, a continuación le planteamos algunas preguntas que debe considerar al trazar el camino a su trabajo soñado:

1. ¿Cuáles son mis metas?

Una amiga mía es golfista profesional de la Asociación Profesional Femenina de Golf (LPGA, por sus siglas en inglés). Ella dice que llegó allí no solo teniendo talento natural, sino también por medio de metas diarias, semanales, mensuales y anuales. Todas estas metas están dirigidas a alcanzar el gran sueño que siente que Dios la llevó a seguir. Ella mantiene estas metas colgando de la pared para poder verlas visualmente. Le encanta el proceso de alcanzar estas metas, las cuales incluyen dieta, una rutina de ejercicios, horarios de entrenamiento y *mucho* golf. La parte más importante de sus metas es que tiene metas pequeñas alcanzables que ayudan a alcanzar una meta mucho mayor.

Si desea volver a la universidad para cursar otra carrera, necesita planificar cómo hacer eso posible y fijarse metas que sean alcanzables en el camino a su meta mayor. Puede que no sepa todo lo que supone eso, pero puede comenzar con algo pequeño. Por ejemplo, si siempre ha soñado con trabajar en el campo médico y ayudar a otros físicamente, comience por hallar a alguien que trabaje en esa profesión e invítele a comer. Aprenda más sobre cómo es la profesión, tanto lo bueno como lo malo.

Fíjese la meta de leer un par de libros sobre lo que involucra dicha profesión. No necesita saberlo todo, sino simplemente trazar metas alcanzables para echar a andar el balón. Las metas hacen que los sueños se vuelvan realidad, y lo que hacemos cada día marca el curso de nuestras vidas. No se deje paralizar por un sueño enorme; ponga en papel hoy algunas metas alcanzables.

2. ¿Qué estoy haciendo para prepararme para la oportunidad del mañana?

La gente que solo espera que se presente la gran oportunidad no estará preparada cuando llegue. Me sentí llamado a alentar a las personas por medio de la palabra escrita y ayudarles a vivir su fe de manera más completa, por lo que comencé a escribir. No tenía el contrato para un libro. No pude conseguir que nadie leyera mis escritos, excepto familiares y amigos, pero eso no significó un obstáculo para mí. Escribí mi primer libro sin tener un contrato, lo publiqué y vendí yo mismo.

Me encantó el proceso de escribirlo, así que escribí otro libro dedicándole una hora al día la mayoría de las veces, temprano en la mañana. Todavía no podía conseguir un contrato, pero seguí escribiendo y tratando de mejorar. Un día, un hombre al que conocía muy poco se me acercó y me dijo: "Jud, tengo un amigo que es el presidente de una importante editorial. Le voy a enviar el libro que publicaste para mostrarle lo que has hecho. ¿Tienes alguna otra cosa que pueda mostrarle?" Casi no conocía a ese hombre. No sabía que él era un consejero retirado, profesor y escritor de libros en varios idiomas que habían sido publicados alrededor del mundo y habían estado en circulación por más de veinticinco años.

Literalmente aquella mañana, tan solo dos horas antes, había terminado un borrador completo de mi segundo libro. Le dije: "Dame cinco minutos", y fui a mi computadora y lo imprimí. Él tomó el manuscrito y lo envió a su amigo, el presidente de la editorial. También me animó a enviar una propuesta por vía regular. Él envió el manuscrito y yo envié mi propuesta no solicitada a la editorial, y esperé.

Un par de meses después, la editorial me llamó y dijo que el presidente había revisado mi manuscrito y estaban listos para publicarlo tal como estaba. Me sentía en las nubes, por decir lo mínimo. Lo que me sorprendió fue que en los siguientes pocos días también recibí una carta de rechazo oficial de la misma editorial para la propuesta que les había enviado por la vía regular. Usted podría decir que por fin tuve un descanso, que las cosas por fin salieron bien y que Dios abrió la puerta. Todo eso es verdad, pero no olvide lo siguiente: nada de esto habría sido posible si no hubiera tenido el manuscrito listo para presentar. Después de todo, ¡ellos aceptaron el libro entero pero rechazaron la propuesta! Me sentí llamado a escribir, y por esa razón me entregué a la tarea y amé el trabajo poco a poco, paso a paso.

Cada persona que alcanza un sueño comenzó persiguiéndolo cuando *nadie estaba mirando* y *nadie le estaba pagando* para hacerlo. Si usted adora hacer algo, entonces ¿qué está esperando? Hágalo. Si se siente llamado a enseñar, comience tomando clases u obteniendo sus credenciales, incluso si eso significa una clase cada vez. Si tiene el sueño de actuar, comience tomando clases de actuación o únase a una compañía de teatro local. Si tiene el sueño de escribir, comience escribiendo. No espere a que a su gran sueño caiga en sus brazos. No espere a que le paguen por su sueño. Comience a vivir su sueño hoy mismo. Haga lo que ama y hágalo tan bien que finalmente la gente quiera pagarle por hacerlo.

3. ¿Puedo amar más el trabajo que el reconocimiento?

Si usted siguiera a las personas más exitosas, se sorprendería de lo aburridas y rutinarias que son sus vidas. Un atleta altamente exitoso dedica la mayoría de su tiempo a entrenar y prepararse para las competencias. Un escritor pasa la mayor parte del tiempo frente a la pantalla de su computadora. Un director de cine pasa la mayor parte de su tiempo en los monótonos detalles que involucran hacer una película.

Algunas veces, vemos los logros de otras personas y pensamos que eso es lo que queremos: el premio por el trabajo. Nos vemos ganando un Oscar, un Premio Nobel, un Grammy o un Pulitzer.

Pero el reconocimiento no es suficiente si no amamos el trabajo. Tenemos que enamorarnos del proceso, del trabajo duro, de ir tras nuestro sueño, o nos sentiremos miserables si logramos alcanzarlo. Lo que motiva a una persona que mantiene una larga carrera es el amor por el proceso y el trabajo. El premio es tan solo el resultado de todo ese trabajo. ¡Y más reconocimiento simplemente lleva a hacer más trabajo del mismo tipo!

Si usted comienza a enseñar, a tomar clases, o intenta salir de su empleo actual y no disfruta del proceso, encuentre otra área en la cual enfocarse que sí disfrute. El éxito solo significará que tendrá que entregarse aún más a algo que en realidad no disfruta hacer.

Comience ahora a presentarse delante de Dios y recibir su aprobación (véase 2 Timoteo 2:15, NTV). Pablo usa el término "presentarse" que significa literalmente "estar de pie al lado, presentarse para la inspección." Debemos usar los talentos, sueños y pasiones que Dios nos ha dado y presentarnos delante de Él aprobados.

CONFESIONES DE UN ADICTO AL TRABAJO

Sin importar lo mucho que usted disfrute de su trabajo, este jamás debe volverse un ídolo o un sustituto de Dios. Aprendí esto de la manera difícil. Después de terminar la universidad y hacerme pastor, entré en una fase de mi vida en la que comencé a hacer del trabajo lo principal. La iglesia donde hice profesión de fe y en la que luego serví como pastor tiene una fuerte ética de trabajo. El edificio donde nos reuníamos tenía una placa en la entrada que decía: PARA LA GLORIA DE DIOS POR UN PUEBLO QUE TIENE UNA MENTE DEDICADA AL TRABAJO.

Me concentré en la última parte de esa frase y comencé a trabajar con todo mi corazón. Hacía cosas que me gustaban, como enseñar a las personas sobre la Biblia, visitar a la gente en los hospitales, ayudar a otros a lidiar con los problemas, celebrar matrimonios y bautismos, y proveer de liderazgo a grupos de voluntarios. Esta era una iglesia grande con mucho personal, y estaba orgulloso de ser en muchas ocasiones la primera persona en llegar a la oficina por las mañanas y apagar la alarma de seguridad. Me alegraba ser quien activara la alarma por las noches cuando era la última persona en retirarse. Pero en algún punto en toda esa ocupación comencé a hacer que mi trabajo fuera un sustituto de mi relación con Dios.

Más adelante, cuando me casé, tuvimos hijos y nos mudamos a otra ciudad, comencé a pagar el precio por hacer que otra cosa distinta de Dios mismo fuera el centro de mi vida. Finalmente me di cuenta de que algo había salido terriblemente mal: escuché a mi esposa hablar por teléfono con una amiga diciéndole que se sentía como si fuera una madre soltera porque yo nunca estaba en casa, ya fuera física o emocionalmente. Luego, en otra ocasión cuando salía de la casa para ir a ayudar a otra persona en crisis, mi hija de seis años me dijo: "Papi, desearía que no fueras pastor." Mi propia familia estaba sufriendo cuando mi primera relación, con ellos y con Dios, fue eclipsada por mi dedicación a ser el pastor perfecto.

Y hubo un precio físico que pagar también. Una noche después de predicar, iba subiendo las escaleras de regreso a mi oficina cuando mis piernas cedieron y me desplomé. No me podía mover y no podía respirar. No sé cuánto tiempo estuve así, pero finalmente una hermana llegó y me ayudó a moverme y recostarme. Mientras me llevaba cargando literalmente hasta el sofá, me dijo: "Habíamos estado apostando sobre cuándo esto iba a pasar. En algún momento el trabajo le iba a pasar factura." Mensaje recibido alto y claro. No he olvidado sus palabras desde aquella vez.

Al final, mi cuerpo lanzó la voz de alarma. Si seguía al mismo ritmo, el costo me destruiría. Pero para mí, esta advertencia física fue más que simplemente el resultado de trabajar demasiado. Había hecho que mi trabajo fuera más como mi Dios. Cualquier trabajo, incluso el del ministerio, es un mal dios, y los malos dioses consumen a sus devotos. Ellos demandan todo de usted y exigen el sacrificio humano.

EL EQUILIBRIO ENTRE LA VIDA Y EL TRABAJO

La autobiografía de Salomón se ha denominado las confesiones de un adicto al trabajo. Él hizo de su trabajo lo más importante, y este le falló. Él continúa así sus observaciones: "Entonces, ¿qué gana la gente con tanto esfuerzo y preocupación en esta vida? Sus días de trabajo están llenos de dolor y angustia, ni siquiera de noche pueden descansar la mente. Nada tiene sentido" (Eclesiastés 2:22-23). Dice que el trabajo es una molestia. Nuestras mentes siempre preocupadas, las presiones de los clientes y las tareas, las preocupaciones por los despidos y recortes, y los márgenes de ganancia. ¿Podré mantener mi trabajo? ¿Mi compañía logrará sobrevivir? ¿Alguna vez me podré retirar? ¿Podré alguna vez disfrutar la vida?

Salomón describe a alguien sin hijos o hermanos, que trabaja muy duro y un día se levanta preguntándose: "¿Para quién trabajo? ¿Por qué me privo de tantos placeres?" (Eclesiastés 4:8, NTV). Cuando el trabajo se vuelve su Dios, toda su vida termina por desbalancearse. Aquellos que disfrutamos de los logros tendemos a obtener parte de nuestra autoestima de lo que hacemos. Nos encanta sobrepasar las expectativas, disfrutar de la emoción de vender o entregar algo a tiempo. Los halagos de nuestros compañeros de trabajo y superiores nos estimulan. Ganar ascensos puede llegar a consumirnos. Todas estas cosas son buenas, pero si hacemos de ellas lo más importante, comenzamos a sufrir las consecuencias. Nuestras relaciones interpersonales se apagan. Nuestra salud comienza a deteriorarse. Nos distanciamos cada vez más de Dios y entonces un día levantamos la vista y, al igual que Salomón lo mencionó, nos damos cuenta de lo mucho que hemos perdido.

El salvavidas que Dios puso en nuestras vidas para el trabajo es el día de descanso. Leemos en Génesis que Dios trabajó y luego descansó. Dios no descansó porque estuviera cansado, ¡Él es Dios! Él descansó como señal de su dominio y para ayudarnos a que sigamos su ejemplo. En los Diez Mandamientos, Dios dijo: "Tienes seis días en la semana para hacer tu trabajo habitual, pero el séptimo día es un día de descanso y está dedicado al Señor tu Dios. Ese día, ningún miembro de tu casa hará trabajo alguno" (Éxodo 20:9-10a, NTV).

Dios fijó un ritmo a la vida. Deberíamos trabajar duro y descansar duro, cultivar apasionadamente y descansar también con la misma pasión. El Nuevo Testamento enseña que el Sabbat ya no es un sábado en sentido literal, sino toda una era: "Así que todavía hay un descanso especial en espera para el pueblo de Dios. Pues todos los que han entrado en el descanso de Dios han descansado de su trabajo, tal como Dios descansó del suyo después de crear el mundo"

(Hebreos 4:9-10, NTV). Descansamos en Dios cada día por medio de la fe y la confianza en Él. Aun así, el principio de un día de descanso a la semana es algo innato en la creación. Cuando ignoramos el principio, pagamos el precio.

He comprobado que soy más productivo con un día completo de descanso que trabajando siete días seguidos. Algunas veces es necesario un esfuerzo heroico para apartarse un día entero del trabajo, pero lo hago de todas formas. Se pueden dejar proyectos sin terminar y correos electrónicos sin responder. Seguirán ahí cuando regrese.

Priorice identificar las cosas que le llenan cuando se sienta cansado emocionalmente, físicamente o espiritualmente. El Sabbat tiene como función la devoción a Dios, pero algunas veces la reconexión con Dios puede ocurrir de maneras poco convencionales. Cada quien es diferente, y encontrar su propio camino al crecimiento en la fe es esencial. ¡Parte del día de descanso también puede ser divertido! Ir a ver un partido de béisbol mientras devora unos nachos puede ayudarle muchísimo, o trabajar en el jardín. Leer un libro puede llenar su mente con nuevas ideas. Quizás encuentre solaz en ir a un concierto, o en correr cinco millas. Algunas veces, estas actividades de esparcimiento nos ayudan a reconectar con una perspectiva diferente sobre nuestra vida y nuestra fe.

La clave para todo esto es que tenemos que aceptar el desilusionar a otras personas. No podemos complacer a todo el mundo. Pero sí podemos priorizar a Dios, nuestra familia y nuestras amistades y llegar a preocuparnos más en no desilusionarlos a *ellos*. Tenemos que ser muy conscientes de cuánto podemos procesar o manejar.

Escuche a su cuerpo, mente, amigos y familiares, y duerma lo suficiente, que es una de las cosas más sencillas y una de las prácticas más ignoradas que podemos adoptar para evitar agotarnos.

Quizá iniciar su propia rutina de salud, comenzando hoy mismo y por un tiempo prolongado, sea una buena idea para usted. Puede comenzar preguntándose cuánto trabaja y quién paga el precio por ese nivel de esfuerzo. ¿Le ven alguna vez su familia y amigos? ¿Ha hecho que el trabajo sea más de lo que Dios quiso que fuera? ¿Puede mantener el actual ritmo de trabajo a largo plazo? Haga una lista de las cinco personas más importantes en su vida. Indague cómo se sienten esas personas. Dios y las personas son lo más importante en nuestras vidas, así que deles prioridad en su vida.

Incluso Salomón experimenta un cambio interior y de actitud a medida que retorna a Dios tras un largo desvío. Él dice: "Entonces llegué a la conclusión de que no hay nada mejor que disfrutar de la comida y la bebida, y encontrar satisfacción en el trabajo. Luego me di cuenta de que esos placeres provienen de la mano de Dios" (Eclesiastés 2:24, NTV). Aquí vemos la posibilidad de encontrar satisfacción en el trabajo. Más que los talentos, los ascensos, las hojas de cálculo, o la celebración de grandes negocios hechos o el buen trabajo realizado, la satisfacción viene de Dios. Cuando trabajamos para Él, hacia Él, y dirigimos nuestro agradecimiento a Él por cada oportunidad de trabajo, podemos ser renovados.

Capítulo cuatro

Sí a las estaciones

> En lo avanzado del invierno, finalmente entendí que dentro de mí había un verano invisible.
>
> —*Albert Camus*

Una cana enorme estaba creciendo en mi nariz.

Me miré en el espejo con horror. Tan solo unos momentos antes, Lori y yo estábamos en el auto retrocediendo en la entrada de la cochera cuando me dijo: "Jud, tienes un pelo largo en la nariz." Solté una risita y seguí, sin darle mucha importancia al asunto. Tan amorosamente como pudo, me dijo: "No, no me entiendes. Tienes una cana saliendo de tu nariz y mide casi *un centímetro.* Tienes que cortártela *YA.*"

Me bastó mirarla para saber que hablaba en serio. Avancé hacia el estacionamiento y entré en la casa para mirarme en el espejo. Actúe como si estuviera frustrado por la inconveniencia, pero en realidad estaba preocupado. Canas saliendo de mi nariz. *¿De verdad?*

Efectivamente, había una cana enorme saliendo de mis fosas nasales como si se tratara de una repentina mutación extraña o una antena extraterrestre. En ese momento vinieron a mi mente imágenes de los hombres ancianos que conozco y que frecuentemente tienen vellos en las orejas y la nariz. Pensé que se debía a que no les importaba, pero entonces me di cuenta de que esos vellos podían salir de un día para otro, ¡y que ellos simplemente no los habían notado todavía! Después de que las tijeras hicieron su trabajo, volví al auto, y Lori y yo nos reímos tanto que casi no podíamos parar de hacerlo. (Y sí, le rogué que por favor no comentara con nadie el asunto).

PRESENTE EN EL PRESENTE

A pesar de no darle importancia al incidente, comencé a darme cuenta de que estaba entrando en una nueva estación en mi vida. Una que no estaba muy seguro de esperar con alegría. También recordé que la vida nos llega por estaciones. Un día tienes una cabeza repleta de cabellos, y al siguiente escasea en la parte de arriba y comienza a crecer en las orejas. Las estaciones cambian y normalmente anhelamos ver la siguiente, deseando poder adelantar el tiempo o rebobinarlo, pero rara vez viviendo por completo en la estación en que estamos.

Cuando estamos en la secundaria, no podemos esperar a pasar al bachillerato. Llegamos al bachillerato y no podemos esperar a llegar a la universidad. Tan pronto llegamos a la universidad, nos cansamos de las clases y deseamos estar ya en el mercado laboral y ganar algo de dinero. En el mercado laboral desearíamos tener más edad para que la gente nos respetara más. ¡Entonces nos salen canas en la nariz y desearíamos ser más jóvenes! ¿Está soltero? Quizá desee estar casado. ¿Está casado? Quizá desearía estar soltero. Los padres aman a sus hijos pero también esperan el momento en que hayan crecido y la casa sea tranquila de nuevo. Cuando los hijos crecen, ¡usted desearía ser abuelo para que la casa no fuera tan silenciosa!

Es el síndrome del "lo que vendrá." Nos hartamos tanto de los muchos retos de la estación en que vivimos, que obviamos todas las cosas buenas que podemos disfrutar justo ahora. Si no tenemos cuidado, podemos pasar toda la vida deseando llegar a la siguiente estación, recordando los viejos tiempos mejores, sin vivir completamente presentes en el presente.

Cada estación tiene sus propios retos. Uno de los dichos favoritos de mi papá en su vejez era este: "Esto también pasará." Y sabía de lo que estaba hablando. Él vivió durante la Gran Depresión, sirvió en el ejército durante la Segunda Guerra Mundial y fue padre durante los radicales años sesenta. Fue también dueño de un negocio durante la recesión de los años setenta, y compartió la vida de cuatro hijos, incluyéndome a mí. Por más de ochenta años experimentó las etapas de la vida: guerra y paz, prosperidad y carestía, alegría y tristeza, grandes ganancias y grandes pérdidas. Así que él podía decir con autoridad: "Esto también pasará, así que no desesperes." Él había aprendido que la vida no nos llega como una larga constante, sino en estaciones, y que cada una de ellas tiene un propósito.

Hemos visto que decir sí a Dios hace que podamos disfrutar de Él en nuestras vidas y de todos los placeres que nos provee. Podemos experimentar satisfacción en el trabajo cuando incluimos a Dios en las tareas diarias de la vida. Decir sí a Dios también significa aceptar cada estación de la vida en que estemos y disfrutarla plenamente. Aprendemos a celebrar lo bueno de la vida cada día y ser verdaderamente agradecidos.

TURN, TURN, TURN

Mucho antes de que el grupo los Byrds inmortalizara la verdad de Él en su icónica canción, "*Turn, Turn, Turn*" [Hay tiempo para todo], Salomón describió la variedad de etapas en la vida en las frases más famosas de Eclesiastés:

> *Hay una temporada para todo, un tiempo para cada actividad bajo el cielo.*
> *Un tiempo para nacer y un tiempo para morir.*
> *Un tiempo para sembrar y un tiempo para cosechar.*
> *Un tiempo para matar y un tiempo para sanar.*
> *Un tiempo para derribar y un tiempo para construir.*
> *Un tiempo para llorar y un tiempo para reír.*
> *Un tiempo para entristecerse y un tiempo para bailar.*
> *Un tiempo para esparcir piedras y un tiempo para juntar piedras.*
> *Un tiempo para abrazarse y un tiempo para apartarse.*
> *Un tiempo para buscar y un tiempo para dejar de buscar.*
> *Un tiempo para guardar y un tiempo para botar.*
> *Un tiempo para rasgar y un tiempo para remendar.*
> *Un tiempo para callar y un tiempo para hablar.*
> *Un tiempo para amar y un tiempo para odiar.*
> *Un tiempo para la guerra y un tiempo para la paz.*
> *Sin embargo, Dios lo hizo todo hermoso para el momento apropiado.*
>
> (Eclesiastés 3:1-8, 11, NTV)

Si Salomón hubiera sido un cantante de música pop, quizá habría tenido un único éxito, pero la verdad eterna de sus observaciones resuena hoy día tanto como en el día en que las escribió. Él utiliza un recurso literario conocido como *merismo*, que consiste en "presentar los extremos como una manera de englobar todo lo que yace en medio de ellos."[14] La lista de opuestos en este pasaje contiene veintiocho elementos en catorce pares: múltiplos de siete. A lo largo de sus años, Salomón notó sagazmente que hay un tiempo y un lugar para todas las actividades y las emociones humanas. Mucho antes de que el posmodernismo pusiera tal énfasis en el contexto, él sabía que las distintas estaciones de la vida requerían diferentes respuestas.

Salomón no fue el único en la Escritura en señalar la importancia de las estaciones. Ellas son una de las mayores imágenes de estabilidad que se encuentran en la Biblia, y apuntan a regularidad y totalidad. Ellas ordenan nuestro mundo y nuestras vidas. El salmista escribe sobre Dios:

> *Creaste la luna para que marcara las estaciones, y el sol sabe cuándo ponerse. Envías la oscuridad, y se hace de noche, la hora en que merodean los animales del bosque. Los leones jóvenes rugen por su presa, acechan en busca del alimento que Dios les provee. Al amanecer, se escabullen y se meten en sus guaridas para descansar. Entonces la gente sale a trabajar y realiza sus labores hasta el anochecer…*
>
> (Salmo 104:19-23)

Dios creó las estaciones y Él reina sobre los ritmos de la vida. Las estaciones nos alivian temporalmente de la monotonía y nos muestran una belleza escondida que no hemos visto antes. Permiten un cambio de lugar y de ritmo. Nos recuerdan el movimiento del tiempo. Con frecuencia peleamos desesperadamente contra este movimiento, contra las limitaciones del tiempo. Lo organizamos, lo "manejamos", lo manipulamos, y tratamos de obtener más de él. Renegamos de él, corremos de él e intentamos derrotarlo. Intentamos revertir los efectos del tiempo (¡incluyendo las canas en la nariz!) con cremas, pastillas, cirugías plásticas, pero estas etapas son un regalo y hay "un tiempo para todo."

Las estaciones nos recuerdan que no estamos en control. Muchos héroes de la fe pasaron por etapas cambiantes en sus vidas: David pasó de ser un pastor de ovejas a esconderse en cuevas para escapar del rey Saúl, y luego pasó a ser esposo y padre; Moisés pasó de ser un hijo de la realeza a un fugitivo en el desierto, y luego un líder del pueblo; José pasa de ser el hijo favorito a ser un esclavo, luego un prisionero y finalmente un administrador y gobernante; Jesús pasa de ser carpintero al desierto, luego a su ministerio público, a la crucifixión, la resurrección y la ascensión. En todas las etapas, todos los tiempos, Dios estuvo en control de sus vidas, así como Él está en control de las nuestras hoy día.

PRONÓSTICO METEOROLÓGICO

¿Se ha dado cuenta alguna vez de lo mucho que tienen que ver las etapas de la vida con la meteorología? Si es verano, nos quejamos del calor que hace. Si es invierno, entonces hace demasiado frío, y todo lo del medio en la primavera y el otoño. Utilizamos el clima y los eventos climáticos anuales para dar forma a nuestras expectativas.

Sin embargo, a pesar de toda nuestra moderna tecnología, con todos sus satélites, radares Doppler e imágenes térmicas, la gente sigue sin poder controlar la meteorología. Realmente me gusta el hecho de que tan solo Dios es el único suficientemente poderoso para dirigir las olas y los vientos, las nubes y la luz del sol. Podemos predecir, pronosticar, anticipar y esperar todo lo que queramos, pero al final Dios es el único que lo conoce con seguridad.

Cuando el clima es bueno, lo disfrutamos. Nada puede levantar más el espíritu que un hermoso día. Un día en el que no haya viento arrancando la puerta del auto cuando la abrimos. Bajamos las ventanillas del auto, subimos el volumen a la música y sacamos la mano por la ventanilla para sentir la brisa. Tomamos el almuerzo al aire libre para tomar un poco de sol, o limpiamos el polvo y las arañas muertas acumuladas en los muebles del patio que una vez lucieron tan nuevos y hoy parece que hubieran sido expuestos a un accidente nuclear. Nos sentamos fuera y lo disfrutamos. Nos echamos allí. Es un buen día.

¿Y qué les decimos a nuestros hijos cuando son las 11 de la mañana y todavía están en pijamas viendo la televisión en un día así? "¡SALGAN!" Porque días así son especiales y no duran para siempre. Muy pronto hará demasiado calor, frío, viento o lluvia. ¡Disfruten del clima!

Algunas veces me pregunto si Dios quiere decirnos lo mismo a nosotros. Damos por sentadas las buenas estaciones. Creemos que cada estación será como esta; que cada día *debería* ser como este.

Permanecemos encerrados dentro de nosotros mismos sin siquiera darnos cuenta del increíble regalo que tenemos justo enfrente. Cuando se encuentre en un momento en su vida en que no tenga demasiados compromisos presionándole, no deje que se le escape quejándose por las cosas insignificantes.

Si no tiene alguna clase de dolor o incomodidad crónica, sepa de boca de quienes ya estamos en esa etapa ahora mismo que cada día sin dolor es un regalo *inmenso*. ¡Celébrelo! Puede que esté en la etapa de criar hijos y, ciertamente, hay muchos retos que se presentan en esa estación, pero es también un regalo. Los hijos son un regalo que muchas personas desearían tener, un regalo que los padres de hijos adultos añoran hasta el punto de presionar a sus propios hijos a que les den nietos lo antes posible. Cuando una estación sea buena, salga y disfrute del clima, porque las estaciones difíciles llegarán.

LA PAPA CALIENTE

La preocupación es uno de los impedimentos más grandes que evitan que disfrutemos la estación actual. Me di cuenta de esto recientemente con mis hijos cuando tuvimos una gran limpieza general en la casa. Mis hijos tenían que revisar sus juguetes, y recogimos algunos de ellos en bolsas para dárselos a otras personas. A pesar de que cada uno había apartados varias cosas para regalar, todavía teníamos que lidiar con el asunto de los animales de peluche. Mis hijos habían acumulado tantos peluches y muñecos Wonder Pets de todos los tipos y tamaños a lo largo de los años, que ahora era simplemente *ridículo*. Hipopótamos morados y elefantes rosados, cachorritos realistas y ositos de peluche demasiado tiernos. Había animales de peluche por todas partes: debajo de las camas, en los armarios y en las esquinas de sus habitaciones.

Así que convocamos una reunión familiar y les dijimos que cada uno tenía un límite de… *treinta y cinco* animales de peluche. (Le aseguro que con esta cifra les daba al menos veinte peluches más de los que en mi opinión jamás necesitarían o jugarían con ellos). ¿Le viene a la mente el término "acumuladores"?

Mis hijos actuaron como si estuviéramos locos, y que tener solo treinta y cinco animales de peluche era imposible. Parecía como si les estuviéramos pidiendo que renunciaran a sus hijos o sus mascotas de verdad. A medida que iban seleccionando entre sus peluches, podía ver el signo de interrogación dentro de sus cabezas sobre qué tanto es *suficiente*. "¿Tendré suficientes animales de peluche si me asusto? ¿Tendré suficientes peluches si nos vamos de viaje en el auto? ¿Tendré suficientes animales de peluche si algo sucede y no puedo obtener más?"

Los adultos no somos tan diferentes a los niños con sus peluches. Con frecuencia dejamos que las buenas estaciones de la vida sean nubladas por la preocupación, especialmente por la preocupación de tener *suficiente*. Incluso en los períodos maravillosos nos estresamos pensando cosas como: ¿Tendré suficiente en mi retiro? ¿Tendré suficiente tiempo? ¿Tendré suficiente buena salud? ¿Habrá casas, autos, o ropa? En toda nuestra preocupación, nos perdemos los buenos momentos.

Jesús dijo: "Por eso les digo que no se preocupen por la vida diaria, si tendrán suficiente alimento para comer o suficiente ropa para vestirse" (Lucas 12:22, NTV). Jesús nos dice que no demos tanta importancia al *suficiente.* Si Jesús les dijo a aquellos que tan solo tenían un traje que no se preocuparan de la vestimenta, ¿qué nos diría a nosotros que tenemos armarios repletos de ropa y congeladores llenos de comida? Dios es el único lugar en el que encontraremos suficiente, el Único que puede satisfacer nuestros anhelos más profundos.

Preocuparse es tomar la responsabilidad por algo que Dios nunca quiso que fuera nuestra responsabilidad. Evita que disfrutemos de la estación que estamos viviendo *ahora.* Como Jesús lo expresó tan memorablemente: "¿Acaso con todas sus preocupaciones pueden añadir un solo momento a su vida? Y, si por mucho preocuparse no se logra algo tan pequeño como eso, ¿de qué sirve preocuparse por cosas más grandes?" (Lucas 12:25-26, NTV). Toda nuestra preocupación por la hipoteca no marca la más mínima diferencia en nuestra hipoteca. Toda nuestra preocupación por los bancos, el trabajo, las finanzas, la salud, las cosas, las facturas y las deudas no causa ningún cambio positivo en ellos.

Entonces, ¿cómo debemos manejar la preocupación cuando nos roba el disfrute de la estación? Jugamos a la "papa caliente." ¿Alguna vez sentó de niño a jugar este juego? Alguien lanza la papa caliente (usualmente un objeto que no está caliente) y esta cae sobre sus piernas. ¿Qué hace entonces? ¡Deshacerse de ella! ¡Lanzársela a otro! Usted no se queda con ella en las manos. ¡La lanza! Cuando la preocupación aterriza en nuestro regazo, deberíamos tratarla como una papa caliente. Nos deshacemos de ella lanzándosela a Dios. "Pongan todas sus preocupaciones y ansiedades en las manos de Dios, porque él cuida de ustedes" (1 Pedro 5:7, NTV).

Si usted es como yo, esto funciona por un momento, al menos unos cuantos minutos, y luego la papa caliente cae de nuevo en sus piernas. Comienza a preocuparse de nuevo, algunas veces sin darse cuenta de ello. Entonces, láncela de nuevo a Dios. El secreto está en jugar a la papa caliente con nuestras preocupaciones hasta que se vuelva un *hábito*. Cada vez que llegue la preocupación, entréguesela a Dios en oración. Niéguese a cargar con ella. Admita que no tiene el control y enfóquese en hacer las cosas que sí puede hacer para cambiar la situación. Con el tiempo podemos *aprender* cómo enfrentar las preocupaciones de la vida al lanzar constantemente dichas preocupaciones al regazo de Dios. No deje que la papa caliente se quede en el suyo.

ALERTA: ZONA EN RUINAS

Otra cosa que evita que disfrutemos de las buenas estaciones es quejarnos, lo cual arruina muchas cosas buenas en nuestras vidas. Recientemente, Lori se embarcó en un reto de veintiún días en los que llevó un brazalete, y cada vez que se quejaba de algo tenía que colocarlo en la otra muñeca. No me di cuenta de que lo estaba haciendo, pero sí me di cuenta inmediatamente del cambio en su actitud. Cuando me contó lo que estaba haciendo, pensé que era algo realmente bueno. Por supuesto, también me tomé la libertad varias veces de decir: "Creo, en base a lo que acabas de decir, que necesitas cambiar el brazalete de muñeca." ¡Me divertía mucho más que ella al decirlo!

Lori me inspiró a completar el reto de los veintiún días sin quejas, sin el brazalete. Me veo a mí mismo como una persona positiva, pero el primer día quedé sorprendido con mi número de quejas. Refunfuñaba por cosas como el clima, el sonido de la alarma demasiado temprano, tener que planchar una camisa, esperar en la cola, bueno, sobre cualquier cosa. Era ridículo el número de cosas irrelevantes por las que me quejaba. Lo que noté fue lo diferente que era mi actitud cuando comprobaba mis quejas. Todo comenzó a lucir mejor. Todas mis pequeñas inconveniencias en la vida ya no parecían tan grandes.

Al igual que la preocupación, quejarse no consigue cambiar nada excepto mantenernos en un ciclo de negatividad. Quejarse es como rascarse el brazo cuando ha estado en contacto con hiedra venenosa; puede producir algo de alivio al momento, pero hace que la situación empeore al final.

Pablo nos recuerda: "Hagan todo sin quejarse y sin discutir" (Filipenses 2:14, NTV). "Todo" en el idioma original significa *todo*, como limpiar los retretes, velar por la noche junto a un hijo enfermo, llevar adelante una conversación difícil, esperar en la fila del banco. Cuando hacemos las cosas sin quejarnos, somos más abiertos a ver lo bueno en la estación en que estamos y recibirla.

Es importante notar que quejarse y desahogarse no son necesariamente la misma cosa. Sacar del pecho lo que nos molesta, dejar que afloren nuestras emociones y ser honestos con las demás personas puede ser muy sano.

Al desahogarse, existe la sana consecuencia de dejar escapar algo de la presión y las cosas que nos oprimen. Al quejarse no se consigue liberar presión sino acumular aun más, lo cual desemboca en un ciclo negativo. Una buena parte del quejarse tiene que ver con desarrollar hábitos sanos. La disciplina de mantener la lengua bajo control, de dejar de escribir el correo electrónico quejumbroso, y redefinir mi actitud hacia los demás no es algo sencillo, pero es algo que puedo hacer para no perder las bendiciones de Dios que están ahora mismo frente a mí.

Salomón escribe: "Sin embargo, Dios lo hizo todo hermoso para el momento apropiado. Él sembró la eternidad en el corazón humano, pero aun así el ser humano no puede comprender todo el alcance de lo que Dios ha hecho desde el principio hasta el fin" (Eclesiastés 3:11, NTV). La palabra original en el hebreo para "hermoso" también puede ser traducida como "apropiado" o "justo." Saber que Dios ordenó las estaciones de la tierra puede ayudarnos a confiar en Él. Dios también es capaz de ordenar apropiadamente y justamente las estaciones de nuestras vidas individuales y las estaciones de la vida humana en general, incluso cuando no siempre entendamos lo que Él planea.

EL TIEMPO DE NUESTRAS VIDAS

Experimentar la belleza en la estación presente significa que debemos considerar seriamente la estación en que estamos y por qué. La manera en que los antiguos griegos veían el tiempo puede ayudarnos a entender este asunto.

Ellos tenían dos palabras diferentes para tiempo. Una era *chronos*, de donde viene la palabra "cronología." Este es el tiempo que miden los relojes, el calendario y los teléfonos inteligentes. Esto es en lo que pensamos cuando se trata de tiempo. Y el tiempo *chronos* siempre se nos escapa. Vamos de una actividad a otra, siempre consumiendo tiempo. Aquí es donde muchos de nosotros vivimos, moviéndonos de un asunto al siguiente, chequeando siempre qué hora es.

La otra palabra que los griegos tenían para tiempo era *kairos*, que tiene que ver más con el tiempo como una oportunidad y un regalo. La pregunta entonces que nos debemos hacer es: "¿Cuál es propósito de este tiempo que he recibido? ¿Cuál es el propósito de la estación actual de mi vida?"

Quizá usted esté en la universidad, trabajando y lanzándose al mundo. Usted se encuentra increíblemente ocupado con cosas y actividades. Está bien. Es una estación. Esta es la estación en la que debe aprender y obtener lo más que pueda de su experiencia educativa. Habrá otras estaciones en las que pueda hacer otras cosas.

O quizá esté adentrándose en un nuevo empleo, y puede que haya estaciones en que deba hacer sacrificios por su familia. Algunos están comenzando nuevas compañías y atravesando estaciones de sacrificio para levantar el negocio. Otros pueden estar en el momento de la jubilación. Existen diferentes prioridades y oportunidades tanto para usted como para sus hijos y nietos.

¿En qué estación se encuentra usted y cuál es el propósito de ella? Lo más difícil es asegurarse de manejar bien la estación. Salomón vio gente corriendo de una estación a la otra, tratando de evitar los malos tiempos, dando por sentados los buenos tiempos al desear que llegara lo próximo. Él dijo: "Disfruta de la prosperidad mientras puedas, pero cuando lleguen los tiempos difíciles, reconoce que ambas cosas provienen de Dios" (Eclesiastés 7:14, NTV). Nos recuerda que cuando la tormenta llegue, y seguro que llegará, debemos hallar refugio en Dios.

VIDA EN LA ESTACIÓN

Algunas veces, una estación difícil se siente como si nunca fuera a terminar. Hace algunos años pasé por una época en la que vi la salud de mis padres deteriorarse y los vi morir a ambos en el transcurso de un par de años. Estábamos justo en medio de la recesión y el colapso del mercado inmobiliario en los Estados Unidos, y los retos del liderazgo en la iglesia se sentían completamente abrumadores. Además de eso, me sentí atacado por un grupo de personas que no entendían la situación por la que estábamos pasando, y yo no estaba en la libertad de contársela. Fue una época difícil.

Mirando atrás, Dios me enseñó a apreciar los días que tenemos con nuestros seres queridos. Me ayudó a redefinir mi visión del éxito, porque la vida es corta y al final amar a Dios y al prójimo es lo que más importa. Me enseñó a confiar en Él como mi defensor en lugar de defenderme a mí mismo, a esperar pacientemente a que toda la historia se diera a conocer y a descansar en Él. Dios estaba construyendo en mí el carácter en el que me apoyo hoy día.

A esto se refería Santiago cuando dijo: "Amados hermanos, cuando tengan que enfrentar cualquier tipo de problemas, considérenlo como un tiempo para alegrarse mucho porque ustedes saben que, siempre que se pone a prueba la fe, la constancia tiene una oportunidad para desarrollarse" (Santiago 1:2-3, NTV).

Cuando se encuentre en una época difícil en la que esté sufriendo, reconózcalo y busque refugio, pero no pierda de vista el propósito mayor de Dios en ella. Dios usa las épocas difíciles de nuestra vida para hacernos crecer. Santiago dice luego que cuando la constancia es desarrollada por completo, llegamos a ser perfectos y completos, sin necesidad de nada (véase 1:4). Cuando corremos de una estación a la siguiente, no le damos a Dios tiempo para actuar. Cuando las cosas son difíciles es cuando Él es más activo, no menos. Irónicamente, cuando sentimos menos a Dios, Él está haciendo más.

Cuando se siente frustrado en el trabajo y las cosas que solían ser sencillas ahora se tornan complicadas, Dios le está perfeccionando. Cuando lucha en una relación con un hijo, cónyuge o amigo y todo parece estar viniéndose abajo, Dios le está completando. Cuando siente que ha perdido aquello que era más valioso para usted, más importante para usted, Dios está allí trabajando, dándole todo lo que en realidad usted necesita. Si espera allí, si usted vive la estación en lugar de correr a la siguiente, en el futuro mirará atrás y dirá: Esa fue la época en que crecí y aprendí. Esa fue la época en que me di cuenta de que Dios estuvo conmigo incluso en los momentos más difíciles.

En su libro *Spiritual Rhythm: Being with Jesus Every Season of Your Soul*, Mark Buchanan nos alienta a buscar dos cosas sin importar en qué época de la vida estemos: la presencia de Cristo y la sabiduría de Cristo. Él escribe: "Si deseamos producir fruto abundante, si esta es la meta de la vida cristiana, entonces el mejor modelo para la madurez espiritual son las estaciones. Los frutos crecen en estaciones, y todas las estaciones son necesarias para obtener el fruto. En ellas es importante tanto lo que sucede como lo que no sucede. Tienen que ver tanto con inactividad como con actividad, tanto con esperar como con trabajar, tanto con esterilidad como con abundancia, tanto con estado latente como con vitalidad. Para todo hay una estación."[15]

Sea cual sea la estación en que se encuentra ahora, busque dónde se está manifestando Jesús y cómo puede aprovechar al máximo cada estación. ¿Qué le está enseñando el Señor? ¿Qué le está revelando? ¿Cómo puede crecer y celebrar las buenas cosas en esta estación? ¿Cómo debe esperar pacientemente en esta estación?

EN EL TIEMPO DE DIOS

Cuando las hojas cambian de color sabemos que se acerca el cambio de estación, pero algunas veces no podemos ver las cosas tan claramente en nuestras vidas. Olvidamos que Dios trabaja siempre en cada estación. Recientemente recibí una carta que me recordó cómo Dios hace que las cosas sean hermosas en su tiempo.

Cuando conocí al Señor, tenía un montón de amigos con los que hacía cosas alocadas. Me sentía muy frustrado en aquella época porque sin importar lo mucho que tratara, no era capaz de hacer que ni siquiera uno de ellos viera su necesidad de volverse hacia Dios. Estaban firmemente arraigados en la cultura de la droga, incluso cuando Dios me llevó a la universidad para estudiar para ser pastor. Oraba por ellos todo el tiempo. Intenté compartir mi fe con ellos, pero la mayoría de las veces nada pasaba. Estaba sembrando, pero no veía nada creciendo.

Más de veinte años después, recibí una carta desde una cárcel en Texas. Uno de mis antiguos amigos de juerga de la escuela preparatoria con el que había compartido mi fe muchas veces me escribió para decirme que había leído mi libro *Uncensored Grace* en la biblioteca de la prisión. En el libro describí mi habitación, en la que por primera vez me rendí al Señor. Mi amigo conocía bien aquella habitación por las muchas veces que estuvimos de juerga en ella. Me escribió: "Me acuerdo muy bien de aquella habitación. Me acuerdo de la vez en que me contaste de tu cambio. Debí seguir tu ejemplo en ese momento… Me he rendido completamente a Cristo por primera vez en mi vida. Tu libro es realmente alentador… Me siento muy agradecido de que hubieras cambiado, y ahora estoy comenzando a entender lo que significa estar crucificado con Cristo. Por sorprendente que pueda parecer, tus palabras me impactaron, tan solo por la manera en que has vivido tu vida…"

Leí aquella carta y me sentí maravillado con Dios. Simplemente no sabemos cómo Dios usará la estación actual en que estamos. Dentro de veinte años, puede llegar a saber de un amigo que recuerda algo que usted hizo, dijo o escribió que provocó un cambio en su vida. No siempre se puede ver inmediatamente, no sabemos lo que Dios planea, pero Él siempre trabaja y es fiel. Algunas veces le sorprenderá con un recordatorio, como la carta que recibí yo, de que Él nunca deja de trabajar incluso cuando nuestras vidas sigan por caminos separados. Sin darme cuenta, Dios tomó lo que fue plantado y finalmente lo hizo crecer hasta ser cosechado.

Salomón concluye con palabras que nos recuerdan tomar la vida a plenitud: "Así que llegué a la conclusión de que no hay nada mejor que alegrarse y disfrutar de la vida mientras podamos. Además, la gente debería comer, beber y aprovechar el fruto de su trabajo, porque son regalos de Dios" (Eclesiastés 3:12-13, NTV).

No corra de las malas estaciones a las buenas o de las buenas estaciones a la siguiente, esperando que sea mejor.

Baje la velocidad.

Viva el momento.

Esté donde se encuentre *justo ahora.*

Cada estación tiene su lugar, sin importar lo mucho que corramos. Cada estación tiene una razón de ser, ya sea que nos demos cuenta de ello o no. Dios hace que todo sea hermoso en su tiempo, incluso las épocas que parecen envolvernos en la oscuridad. Podemos descansar refugiados en los amorosos brazos de Dios y saber que esto, también, pasará. Como Max Lucado observó, si usted está en una relación con Dios, entonces "todo saldrá bien al final. Si no está saliendo bien ahora, ¡entonces es que todavía no es el final!"[16]

Capítulo cinco

Sí al impacto

> Ningún hombre puede sinceramente intentar ayudar a otro sin ayudarse a sí mismo.
>
> —*Ralph Waldo Emerson*

"¡No es justo!"

Mis hijos siempre dicen eso cuando creen que sus hermanos recibieron un mejor trato, o cuando ya no pueden seguir jugando, o el canal de televisión es cambiado, o simplemente cuando las cosas no salen como ellos quieren. Nos sentimos así en el trabajo cuando nuestro jefe se lleva el crédito por el proyecto que nos llevó a nosotros semanas enteras de trabajo con sobretiempo, o cuando un candidato menos cualificado recibe la promoción que nosotros esperábamos tener. Nos sentimos así en casa cuando creemos que llevamos la mayor parte de la carga familiar o cuando vemos a nuestro vecino (quien trabaja desde casa unas pocas horas a la semana) llegar en un nuevo y lujoso auto deportivo.

Luego miramos alrededor y vemos toda la locura e injusticia que existen en el mundo, con criminales que se hacen más ricos y gente honesta que sufre por decir la verdad. Vemos gente pisoteada por los avaros y poderosos; aquellos que están abajo con frecuencia son pateados aún más bajo. Todo nos parece muy injusto.

LO MÁS INJUSTO DE TODO

Cuando Salomón vio toda la locura e injusticia en el mundo, su malestar creció al punto de la exasperación. Él escribió: "Además, observé toda la opresión que sucede bajo el sol. Vi las lágrimas de los oprimidos, y no había nadie para consolarlos. Los opresores tienen mucho poder y sus víctimas son indefensas. Entonces llegué a la conclusión de que los muertos están mejor que los vivos; pero los más afortunados de todos son los que aún no nacen, porque no han visto toda la maldad que se comete bajo el sol" (Eclesiastés 4:1-3, NTV).

Salomón miró las cortes y los políticos, y vio que eran todos deshonestos. La gente anhelaba justicia, pero no lograba obtener ninguna. Miró en el territorio y vio gente malvada asesinando a su gusto, mientras gente buena padecía hambre. Vio gente incompetente recibir enormes promociones, mientras que personas que sabían lo que estaban haciendo no recibían reconocimiento alguno. Vio que a unas pocas personas les iba muy, pero muy bien en la vida, mientras que a la mayoría les iba muy mal. ¿Le suena todo esto familiar?

En estos versículos y en muchos otros en Eclesiastés es como si estuviera llevándose las manos a la cabeza y gritando: "¡La vida no es justa!"

En la Biblia encontramos el tema recurrente de la opresión; específicamente, la opresión contra quienes no se pueden defender a sí mismos. La vemos en diferentes formas: servidumbre, esclavitud, falta de respeto a los derechos humanos, confiscación de bienes, amenaza a la vida, desaliento, engaños, hurto, y ganancias deshonestas. El erudito bíblico Iain Provan dijo que la opresión es "el abuso de poder, ya sea financiero o de otro tipo, perpetrado sobre aquellos que no son tan poderosos y, de hecho, son vulnerables: los pobres, las viudas, los huérfanos y los extranjeros."[17]

Pero no necesitamos a Salomón o la Biblia para saber sobre la opresión y que la vida es injusta, ¿no es cierto? Basta con leer los titulares de prensa, encender el televisor, o echar un vistazo al Facebook. Hay muchas cosas malas sucediendo. El mundo está lleno de gente que necesita ayuda. Ese no es el asunto.

El asunto es: ¿qué hacemos nosotros al respecto? ¿Podemos hacer *algo*? ¿No está esto más allá de nuestras responsabilidades? ¿No tenemos acaso ya suficientes problemas propios para además hacer de superhéroes y satisfacer las necesidades de la multitud? No podemos ayudar a todo el mundo, pero ¿cómo podemos decidir a quién ayudar, cuánto ayudar, cuándo ayudar y cuándo no hacerlo? Y ¿realmente servirá de algo lo que hagamos para ayudar, o solo estaremos malgastando nuestro tiempo y nuestros recursos luchando una batalla perdida contra la verdad de que la vida es injusta?

¿Ha tenido alguna vez estos pensamientos? ¿Ha sentido alguna vez el deseo de ayudar, pero no ha sabido cómo hacerlo? Me he dado cuenta de que mucho de mi actitud depende de decirle sí a Dios. Cuando me alejo de Él, pierdo el cuadro general. Veo lo malo, pero no siempre logro ver lo bueno que Dios está haciendo entre bambalinas. Veo el dolor y quiero llevarme las manos a la cabeza en señal de frustración al igual que Salomón, en lugar de simplemente rendirme a Dios y hacer equipo con Él para ayudar a otros.

Sin embargo, cuando abro mi corazón a Dios y busco no estorbar para que Él me use, encuentro mucho gozo en ayudar a otros. No tengo todas las respuestas, pero sí tengo una que me ha ayudado a enfrentar este asunto en mi propia vida: No puedo ayudar a todo el mundo, pero sí puedo ayudar a todo "aquel" que Dios me guíe a ayudar. No tengo por qué tomar la responsabilidad de salvar al mundo entero; de ese asunto Dios ya se ha encargado, a pesar de que las apariencias parezcan decir lo contrario. Mi llamado es a ayudar al vecino, compañero de trabajo, niño, indigente, anciano en un asilo, madre soltera o padre desempleado que se atraviese en mi camino cada día.

Esto no solo es por el bien de los demás o porque Dios nos dice que deberíamos ayudar a otras personas. Los estudios han demostrado que ayudar a otros es bueno para nosotros y que esto activa los centros de placer en el cerebro. Los neurólogos James Rilling y Gregory Berns de la Universidad de Emory grabaron la actividad cerebral de personas que ayudaban a otros. Encontraron que al hacer esa actividad, la parte del cerebro asociada con el placer y la recepción de recompensas se activaba. Dacher Kelter resumió los hallazgos de la siguiente manera: "Ayudar a otros provoca el mismo placer que el obtenido por la satisfacción de los deseos personales."[18] Existe un gozo psicológico y espiritual en servir a otros. Al ayudar a otros, la vida seguirá siendo injusta, pero una vida será diferente. Y esa vida puede afectar a muchas otras, y ciertamente afectará también a la nuestra.

MIRAR HACIA EL OTRO LADO

¿Cómo reacciona usted cuando al llegar al semáforo ve a una persona desaliñada parada a un lado sosteniendo un letrero que dice: "SOY INDIGENTE. POR FAVOR, AYÚDAME. DIOS TE BENDIGA."? Si usted es como yo, puede que se sienta un poco incómodo, sin saber muy bien qué hacer. ¿Les damos dinero? ¿Les saludamos y damos una invitación para ir a la iglesia? ¿Ofrecemos comprarles comida? ¿Evitamos el contacto visual por completo a medida que caminan a menos de un metro de distancia de la ventanilla? ¿Jugamos con la radio del auto? (¡Ya sabe de lo que estoy hablando!)

Puesto que la mayoría de las veces no sabemos qué hacer y, lamentablemente, los vemos con frecuencia en la mayoría de las áreas urbanas, podemos llegar a insensibilizarnos y mirar hacia el otro lado. Algunas personas indigentes están respondiendo a esto volviéndose más creativos. Vi a un hombre indigente en una esquina sosteniendo el siguiente letrero: EL LOBO FEROZ SE COMIÓ A MI FAMILIA. ¿ALGUNO TIENE UN CLOSET EN DONDE PUEDA ESCONDERME? Otro escribió: ME GASTÉ TODO EL DINERO EN CARTULINA Y MARCADORES. Y el más interesante de todos: SE REQUIERE ACICALADO URGENTE, POR FAVOR AYUDA.

Estos individuos saben muy bien que cuando vemos una necesidad por largo tiempo, sentimos la necesidad de simplemente ignorarla. Seguir mirando hacia adelante. Negarnos a establecer contacto visual. Checar la radio o el celular hasta que el problema haya pasado.

No es que no nos importe, es que no siempre sabemos *cómo* actuar. Existe tanta gente con tantos problemas que nunca podemos ayudarlos a todos. Comenzamos a asimilar cierta lógica que expresa algo así: Si le doy una moneda a este hombre, entonces para ser justo tendría que darle una moneda a todos los indigentes que vea, y no tengo tantas monedas. Si sirvo como voluntario una hora a la semana, me van a pedir luego que les ayude dos y sé que en realidad necesitan cuatro; eso es más de lo que puedo dar, así que creo que es mejor que dedique mi tiempo a mí mismo. Si le pongo atención a este problema suyo, tendré que hacerlo también con todos sus demás problemas, y tiene *demasiados* problemas. No tengo idea de cómo hacer ni tengo las respuestas. No puedo hacer que la vida sea justa, entonces ¿para qué involucrarme? Además, ¿no dice la Biblia acaso que Dios ayuda a quienes se ayudan a sí mismos?

Esta es una respuesta común, pero no es bíblica. En ninguna parte de la Biblia dice que Dios ayude a quienes se ayudan a sí mismos. Eso lo dijo en realidad Benjamín Franklin. Pero de lo que sí habla en muchas partes es del amor de Dios por los que sufren, los pobres y los indefensos. Las Escrituras nos llaman a imitar la justicia de Dios, porque Dios ama al justo (Salmo 37:28, Proverbios 28:5). Muchas de las obras y milagros de Jesús fueron a favor de los pobres, enfermos y necesitados. Su obra, además de ser espiritualmente única, fue también muy, muy material.

Uno de los pasajes bíblicos más sorprendentes sobre nuestra oportunidad de ayudar a otros lo encontramos cuando Jesús describe una escena al final de los tiempos. Todas las personas que han vivido sobre la faz de la tierra están delante de Él para dar cuentas de sus vidas, un grupo está a su derecha y el otro a su izquierda. Esto es lo que les dice: "Entonces el Rey dirá a los que estén a su derecha: 'Vengan, ustedes, que son benditos de mi Padre, hereden el reino preparado para ustedes desde la creación del mundo. Pues tuve hambre, y me alimentaron. Tuve sed, y me dieron de beber. Fui extranjero, y me invitaron a su hogar. Estuve desnudo, y me dieron ropa. Estuve enfermo, y me cuidaron. Estuve en prisión, y me visitaron'" (Mateo 25:34-36, NTV). Los justos se sorprenden. No tienen ni idea de en qué momento sirvieron y visitaron a Jesús en la prisión. Simplemente vivieron sus vidas, ayudando a otras personas una por una. Entonces Jesús continúa diciendo: "Les digo la verdad, cuando hicieron alguna de estas cosas al más insignificante de estos, mis hermanos, ¡me lo hicieron a mí!" (Mateo 25:40, NTV).

Ayudar es un asunto importante para Dios, porque cuando mostramos compasión los unos por los otros, no solo ayudamos a los demás sino que también servimos a Dios, quien nos salvó. Demostramos así gratitud y agradecimiento a Aquel que nos ayudó cuando no podíamos ayudarnos a nosotros mismos. Damos un poco de lo que tenemos al Salvador que nos dio todo de Él. Así que aunque las necesidades de los demás puedan ser una carga pesada, romper nuestros corazones, hacernos sospechar de otros o hacernos sentir inadecuados, no podemos ignorarlas. No podemos simplemente mirar al otro lado. Es demasiado importante para Dios y demasiado vital para nuestra fe. Y lo que importa más que lo que ellos hagan con su ayuda es que la den con todo su corazón.

GANAR LA BATALLA

Recientemente tuve una conversación telefónica alucinante con el Dr. Scott Todd, quien dirige un movimiento llamado *58:*, que coordina los esfuerzos de organizaciones que combaten la pobreza dentro del esfuerzo unificado más grande del mundo para acabar con la pobreza extrema. Él está convencido de que podemos acabar con la pobreza extrema en esta generación. Él me dijo algunas cosas que realmente me sacudieron.

La primera de ellas es que muchas veces nos decantamos por las palabras de Jesús: "Siempre habrá pobres entre ustedes..." (Juan 12:8, NTV). A los cristianos les encanta citar este versículo, casi como pretexto. Durante dos mil años ha tendido a bajar nuestras expectativas en cuanto a lo que podemos hacer al respecto. Scott me preguntó: "¿Has pensado alguna vez sobre a quién Jesús le dijo esto?"

Le dije: "Eh, no." Honestamente, estas palabras en cierto modo habían flotado en mi mente sin contexto alguno. Luego el Dr. Todd me recordó que Jesús le dijo estas palabras a Judas. Fue justo después de que María ungió a Jesús con un frasco de perfume que valdría actualmente 45 mil dólares, el sueldo de un año en aquella época o ahora. Judas se había enojado con María e hizo notar que el perfume no debía haberse malgastado sino vendido para dar el dinero a los pobres.

Pero la Biblia nos dice que el corazón de Judas en realidad no ardía por los pobres. Él estaba encargado de administrar el dinero de los discípulos, y con frecuencia robaba parte para él mismo (Juan 12:6). Así que Jesús se vuelve a Judas y, esencialmente, lo regaña. Le dice: "Déjala en paz. Esto lo hizo en preparación para mi entierro. Siempre habrá pobres entre ustedes, pero a mí no siempre me tendrán" (Juan 12:7-8, NTV). Apuesto a que en ese momento se podía escuchar un alfiler caer al suelo.

Todd presentaba una idea interesante. Él defiende la idea de que las palabras de Jesús estaban dirigidas específicamente a Judas, y que nunca tuvieron como objetivo que fueran un principio general. Él lo dice por la segunda parte de la afirmación de Jesús: "a mí no siempre me tendrán." Si estas palabras hubieran sido para nosotros también, entonces ¿cómo podríamos reconciliarlas luego con lo dicho por Jesús al ordenar la gran comisión: "estoy con ustedes siempre, hasta el fin de los tiempos" (Mateo 28:20, NTV)?

Todd argumenta que lo dicho en Juan 12:7-8 fue específicamente para Judas. Jesús le estaba enseñando una lección, y Judas no siempre tendría a Jesús con él. De hecho, justo después de esta escena leemos que Judas se enoja muchísimo y decide traicionar a Jesús. Si la segunda parte de esta afirmación era específicamente para Judas, entonces la primera parte debería entenderse en el contexto y la conversación de aquel momento. Todd me retó, al menos, a reconsiderar mis ideas sobre la pobreza y el alcance que puede tener nuestra ayuda.

Lo segundo que él compartió conmigo y que me sorprendió fue el progreso alcanzado durante los últimos cincuenta años para erradicar la pobreza extrema a nivel mundial. Debido a la avaricia y el egoísmo humanos y las consecuencias del pecado, siempre habrá pobreza, pero Todd cree que podemos acabar con la pobreza extrema en esta generación. Él define la pobreza extrema como vivir al día con menos de 1,25 dólares sin posibilidades de satisfacer las necesidades básicas de la vida. Me dijo: "En 1981 el 52 por ciento de la población mundial vivía en pobreza extrema. En 2005 esa cifra es del 26 por ciento. ¡Hemos reducido el porcentaje de la gente que vive en pobreza extrema a la mitad! ¡Y lo hicimos en una sola generación!"[19] Todd está dirigiendo los esfuerzos para concentrar todos nuestros recursos hacia la reducción del 26 por ciento restante en esta generación. ¡Él hace notar que incluso investigadores ateos admiten que es posible! Si esto es así, entonces cuánto más nosotros como cristianos deberíamos orar y trabajar para alcanzar este fin, puesto que vemos a cada persona como creada a imagen de Dios.

Cuando colgué el teléfono, me sentí tremendamente convencido y alentado. No solo había rebajado demasiado mis expectativas sobre el bien que se puede hacer; tampoco me había dado cuenta del progreso tan grande que estábamos haciendo todos juntos. Pensé en los niños que apadrinamos en pobreza extrema por medio de la organización Compassion International de una nueva manera. Amamos a nuestros niños apadrinados, e incluso tuve la oportunidad de conocer a uno de ellos, Melissa, y pasé tiempo con ella en Ecuador. Pero nunca me di cuenta del efecto general de acciones como esta reproducidas millones de veces por personas comunes.

Decir sí a Dios nos permite hallar satisfacción en ayudar a otros y resistir la tentación de mirar hacia otro lado. Es un camino que lleva a sentir culpa por el presente y lamento por el mañana. No se niegue a ayudar a una persona, simplemente porque no puede ayudar a todo el mundo. Entienda que si cada uno hace su parte, puede haber un impacto masivo.

ARDER POR DENTRO Y EXPLOTAR

¿Conoce usted a algún manitas? Es aquella persona, hombre o mujer, a quien usted llama cuando las cosas se dañan porque sabe que es capaz de arreglar cualquier cosa. Cuando era niño, pensaba en mí mismo como un "manitas." El material milagroso era la cinta adhesiva. Si tenía un agujero en las medias, simplemente usaba cinta adhesiva. Si alguno de mis juguetes se rompía, no había problemas, la cinta adhesiva lo arreglaba. Mi mamá se quejaba de que tenía que comprar toda la cinta adhesiva disponible en la tienda para que yo pudiera seguir arreglando cosas. Pero cuando crecí, descubrí algo superior a esta solución infantil para arreglar cosas: ¡la cinta de embalaje!

Algunos "manitas", incluido yo mismo, piensan que puede arreglar a la gente tan fácilmente como arreglar un juguete roto o una tubería que gotea. Tratamos de remendar a la gente con cinta de embalaje.

Escuchamos los problemas de otras personas, vemos los problemas en el mundo y pensamos para nosotros mismos: *Voy a arreglar esto.* Voy a hacer que, de una vez por todas, mi pariente pague todas sus deudas y se ajuste a un presupuesto. Voy a hacer que mi novio o esposo abandone sus adicciones; mi amor será suficiente para acomodarlo definitivamente. Esos niños rebeldes solo necesitan un buen modelo a imitar; si soy fuerte, coherente, y siempre estoy presente cuando me necesiten, entonces se enderezarán.

El problema con esta manera de pensar es que comenzamos a vernos a nosotros mismos como la solución para todo. Terminamos asumiendo más problemas, más estrés, más cargas, hasta que un día el peso es enorme y las demandas tan abrumadoras, que terminamos estallando en llamas. Abandonamos todo. Nada funciona. Los remiendos no se quedan pegados. Nos sentimos completamente fracasados cuando lo único que intentábamos hacer era salvar a unas pocas personas que no tenían a nadie más a quien acudir.

Aprendí esto personalmente después de pasar varios años involucrado profundamente en el ministerio para los indigentes. Les dábamos comida y les alentábamos de la manera que pudiéramos. Pronto me di cuenta de que los indigentes quizá fueran la población más evangelizada en todos los Estados Unidos. Cada persona indigente que conocí tenía fragmentos de la Biblia en sus bolsillos que alguien le había dado, y con frecuencia podía citar de memoria versículos de la Biblia mucho mejor que nuestros voluntarios. Yo seguía intentando remendarlos con mis propias fuerzas, más comida, más recursos, más versículos bíblicos, y nunca funcionó.

Un día estábamos sirviendo comida a una larga fila de cientos de indigentes bajo un puente cercano. Estaba de pie junto a mi amiga Charlene, una maravillosa voluntaria. Ella había donado tiempo que no tenía para comprar alimentos en la tienda, prepararla y coordinar a los voluntarios. Además de esto, era madre, padre, empleada y estudiante universitaria. Uno de los hombres indigentes recibió la comida en el plato que tan amorosamente ella había preparado, y molesto le dijo: “Esto se ve horrible. ¿No hay nada más?”

Antes de que pudiera procesar lo que estaba sucediendo, estallé. Todo mi enojo y fatiga se volcaron contra la actitud de ese hombre hacia alguien que le había dado tanto. Salté sobre la mesa plegable, arrojé el plato que tenía en sus manos a unos tres metros de distancia, y lo empujé. En dos segundos mis puños estaban en el aire, listo para golpearlo en la quijada cuando el hombre se tambaleó hacia atrás y me miró derrotado. La fatiga en sus ojos lo dijo todo. Allí estaba un hombre cuya vida ya había sido apaleada. No tenía nada más por lo que luchar. Estaba bajo un puente recibiendo comida de personas cristianas, y uno de ellos estaba a punto de noquearlo por quejarse. No es exactamente lo que Jesús hubiera hecho.

Por la gracia de Dios, afortunadamente pude controlarme y no golpeé al hombre. Todo fue terriblemente bochornoso y me sentí muy avergonzado. Me disculpé y me aparté sintiéndome como un completo fracasado. En las semanas siguientes, me di cuenta por primera vez de que me estaba quemando. Estaba fatigado por la compasión. Al intentar arreglar cosas por medio de mis propias fuerzas, al final había perdido mi enfoque en Dios.

Después de ese incidente, tomé un largo receso del ministerio para los indigentes y me centré en una muy necesitada meditación espiritual.

Algunas veces nos comprometemos tanto en ayudar, en salvar, que nos olvidamos de que es Dios quien verdaderamente sana y salva. Como lo dijo Jeremías: "Oh Señor, si me sanas, seré verdaderamente sano; si me salvas, seré verdaderamente salvo. ¡Mis alabanzas son solo para ti!" (Jeremías 17:14, NTV).

Ni usted ni yo fuimos creados para salvar a personas. Nosotros hacemos el ayudar y Dios hace el sanar. Nosotros hacemos el servir y Dios hace el salvar. Cuando intentamos arreglar a las personas, es como remendar a alguien con cinta de embalaje. Puede funcionar por un ratito, pero no se ve bien y no durará mucho.

La cinta de embalaje es una solución temporal, como mucho. Dios es el único que salva. Se nos llama a amar y a ayudar de la mejor manera que podamos.

CADA UNO

La manera en que Dios quiere que ayudemos se basa en una persona cada vez. Dios no espera que usted satisfaga todas las necesidades de los millones y millones de personas en este planeta que necesitan comida, agua, medicinas, dinero, empleos, consejería, comodidades y contacto humano. Él solo le pide que trate a cada persona que usted encuentre como Él mismo la trataría, como Él le ha tratado a usted.

Me encanta la escena descrita en la Biblia sobre los primeros días de la iglesia. Dos líderes, Pedro y Juan, van caminando hacia la gran área de adoración pública del Templo. Esta zona siempre está llena de gente y se dirigen a un servicio de oración, cuando un hombre que ha estado lisiado desde su nacimiento es llevado por otro hombre hasta la entrada y sentado allí, para que pueda mendigar dinero.

Básicamente, es el equivalente bíblico de nuestro encuentro con un indigente en la calle que lleva un cartel en la mano. ¿Le doy una moneda? ¿Sigo caminando y evito contacto visual diciéndome a mí mismo que probablemente se gasta el dinero en alcohol?

El texto dice que cuando el mendigo "vio que Pedro y Juan estaban por entrar, les pidió dinero. Pedro y Juan lo miraron fijamente, y Pedro le dijo: '¡Míranos!'. El hombre lisiado los miró ansiosamente, esperando recibir un poco de dinero, pero Pedro le dijo: 'Yo no tengo plata ni oro para ti, pero te daré lo que tengo. En el nombre de Jesucristo de Nazaret, ¡levántate y camina!'.

Entonces Pedro tomó al hombre lisiado de la mano derecha y lo ayudó a levantarse. Y, mientras lo hacía, al instante los pies y los tobillos del hombre fueron sanados y fortalecidos. ¡Se levantó de un salto, se puso de pie y comenzó a caminar! Luego entró en el templo con ellos caminando, saltando y alabando a Dios" (Hechos 3:3-8, NTV).

Vemos aquí, inmediatamente, que Dios puso a *un hombre* delante de Pedro y Juan para que le ayudaran. Este era un lugar muy concurrido con muchos mendigos y necesidades, pero este es el que Dios puso en el camino de ellos y conmovió sus corazones para que le ayudaran. Ellos no ignoraron a la persona que Dios puso literalmente frente a sus pies.

Para esto, Pedro y Juan tuvieron que detenerse y reconocer la situación. Como la mayoría de la gente entonces y ahora, estaban ocupados y ayudar a alguien no estaba en sus planes. Tenían que apartar el tiempo y estar dispuestos a detenerse y dialogar.

Ambos le dieron lo que tenían. Pedro extendió su mano y le dijo que se levantara: "Yo no tengo plata ni oro para ti, pero te daré lo que tengo."

Dios no nos pide que demos lo que no tenemos, pero sí lo que tenemos. No siempre tenemos dinero para dar cuando tenemos que pagar nuestras propias cuentas y bocas que alimentar en casa. Para el momento en que usted pague vivienda, gasolina, alimentos y diezme para su iglesia y otros ministerios, puede que no le quede más dinero. No podemos dar lo que no tenemos, pero esto no significa que no podamos hacer nada. Podríamos llevar a algún lugar a un amigo o prestar un oído para escuchar a alguien y empatizar con esa persona. Y hasta donde sé, orar todavía sigue siendo gratis.

Ayudar no tiene por qué ser una carga si estamos dispuestos a hacerlo honestamente y con aquello que hemos recibido. Algunos de nosotros estamos cortos de tiempo. Si tenemos un empleo, familia, especialmente con niños pequeños, y un hogar del cual cuidar, puede que no tengamos tiempo que dar, pero puede que tengamos un lugar extra en nuestra mesa. Quizá tengamos un auto viejo que no usamos porque gotea aceite y mancha el pavimento, pero pudiera ser una bendición para alguien más. Quizá tengamos algo de influencia y con simplemente hacer una llamada dar una buena referencia de alguien que busca trabajo o ayuda.

Pedro dice que dará al hombre lo que tiene y luego agrega: "En el nombre de Jesucristo de Nazaret, ¡levántate y camina!" (Hechos 3:6, NTV). Y el hombre es sanado. Note, sin embargo, que aunque fue Pedro quien ayudó, fue el poder de Jesús mismo lo que hizo el milagro. Incluso un hombre que había caminado con Jesús mismo, un padre fundador de la cristiandad y que hizo muchos milagros en su vida, se dio cuenta de que no era su esfuerzo lo que sanaba y salvaba, sino la obra de Dios. Pedro hizo saber a este hombre que era Jesús quien le había sanado.

¿Qué es lo primero que el hombre hizo con sus piernas nuevecitas? Entró con Pedro y Juan al templo para adorar. ¡Se fue a la iglesia! Alaba a Dios. Esta es la meta última al ayudar a alguien, ya sea un familiar al que vea todos los días, alguna persona que Dios ponga en su camino por casualidad, o gente en un país al que usted nunca irá o verá. Los dirigimos a Jesús para que más personas puedan ver, conocer y alabar a Dios. No es para sentir menos culpa, para hacernos sentir bien o para que el mundo sea un lugar perfecto. La manera en que hallamos satisfacción al ayudar a los otros es dirigirlos a Dios para que Él pueda sanarlos y salvarlos. Si tiene dinero y Dios le llama a donarlo a alguien, hágalo. No lo dé en préstamo con controles de pago, solo entréguelo. Cualquier otra cosa le robará el gozo. Si Dios le llama a dar dinero, hágalo, pero con ciertos límites. Si usted es padre o está casado, su familia necesita de su tiempo también. Si tiene un empleo o negocio, también necesitará tiempo para eso. Necesita tiempo para dormir y descansar. *Dé los dones que tiene, no los que no tiene.*

Cuando vea a una persona indigente en la calle y sienta la necesidad de ayudar, hágalo. Mis amigos que eran antes indigentes me dicen que nunca le dé dinero a alguien en la calle. Con frecuencia esto consigue perpetuar el sufrimiento si usan el dinero para comprar drogas o alcohol. Si tiene tiempo, cómpreles comida. Si no lo tiene, deles vales de comida. Un amigo mío que salió de las calles lleva siempre certificados de regalo de McDonalds en su auto para ayudar siempre que se presente la ocasión.

Si está intentando ayudar a alguien con una adicción o un comportamiento dañino, busque ayuda. Muchas iglesias ofrecen programas de rehabilitación. Sobórnelos con comida y vea si asisten al programa. Relaciónese con personas que saben cómo ayudar a otros a lidiar con problemas graves.

Existen iglesias y organizaciones maravillosas que hacen muy buen trabajo. Nos encanta apadrinar personas por intermedio de Compassion International, de manera individual y como iglesia. Pero esta no es una vía única. No creo que por dar dinero en la iglesia o ayudar a organizaciones caritativas no hace falta que ayude cuando Dios trae a una persona a mi vida. Si solo damos dinero y nada más, estaremos perdiéndonos algo maravilloso que Dios quiere hacer en nuestras vidas.

CASOS "MISIÓN IMPOSIBLE"

Es importante darnos cuenta de que no solo estamos llamados a ayudar quienes estén de acuerdo con nosotros o a aquellos que quieran ser ayudados. Patrick Greene era un taxista en Austin, Texas. También era un ateo declarado que protestaba constantemente contra cualquier manifestación religiosa en edificios gubernamentales. Recientemente había presentado una demanda para que un pesebre navideño fuera quitado del palacio de justicia cuando un cirujano le dijo que debía ser operado de cataratas en el ojo y reparar un lente ocular. Patrick no podía costearse la operación y poco después del diagnóstico perdió su empleo por los problemas de visión; tuvo que enfrentar el problema de cómo mantenerse a sí mismo y a su esposa, con la cual había estado casado por treinta y tres años.

Entonces Jessica Crye, una mujer cristiana que leyó sobre los problemas de Greene en el periódico, habló con miembros de su iglesia para saber si estaban dispuestos a donar dinero para ayudar a Greene. Terminaron reuniendo 400 dólares, lo cual lo dejó "alucinado" de que un grupo de cristianos hiciera eso por un ateo.[20]

Esta experiencia le hizo cuestionar sus antiguas creencias y su pleito con Dios. En los días siguientes a que la historia se hiciera pública, hizo profesión de fe en Cristo y luego renunció. Después dijo que quería ser pastor bautista, y luego se retractó. Es un hombre complicado, y según su nuevo pastor y mentor, todavía hay muchas cosas que necesita procesar, pero no se puede negar el hecho de que un simple acto de bondad hizo lo que un montón de discusiones jamás podrían haber logrado. Lo llevó a encontrarse cara a cara con el Dios que sana y salva.

Greene no solo ha retirado su demanda para quitar el pesebre navideño del palacio de justicia, sino que ha decido comprar una estrella para el árbol navideño si alguien le enseña cómo enchufarla. También planea escribir un libro titulado *The Real Christians of Henderson County* [Los verdaderos cristianos del condado de Henderson].

Algún día, usted y yo estaremos de pie frente a Jesús y Él nos dirá: "tuve hambre, y me alimentaron. Tuve sed, y me dieron de beber... Estuve enfermo, y me cuidaron."

Y nosotros responderemos: "Señor, ¿en qué momento te vimos con hambre y te alimentamos, o con sed y te dimos algo de beber."

Y Jesús nos responderá: "Cuando hicieron alguna de estas cosas al más insignificante de estos, mis hermanos, ¡me lo hicieron a mí!" (Mateo 25:35-37, 40).

La vida jamás será justa hasta que estemos en el cielo. Hasta entonces, sin embargo, podemos avanzar la presencia de Él un acto cada vez, una persona cada vez. Cuando decimos sí a Dios, nos negamos a aceptar las injusticias de la vida y nos recordamos a nosotros mismos, y a otros, una realidad divina mayor.

Capítulo seis

Sí a la amistad

> La amistad es innecesaria, como la filosofía, como el arte… No tiene valor para la supervivencia; más bien es una de esas cosas que da valor a la supervivencia.
>
> —*C.S. Lewis*

"¿Puedes mirarme en el press de banca?"

El tipo más grande que hubiera visto jamás en un gimnasio me miraba directamente. Miré alrededor para asegurarme de que nadie más estuviera detrás de mí, pero solo estábamos nosotros dos en el cuarto de pesas del sótano de una vieja escuela YMCA. No se escuchaba música de moda en el fondo, tampoco cintas para correr conectadas a televisores; era un gimnasio sencillo, y el único sonido era el zumbido bajo de los fluorescentes. El hombre medía un metro setenta y ocho centímetros, tenía el cabello negro desmechado, ojos marrones y pesaba al menos 110 kilogramos. En serio, parecía la versión compacta de "el increíble Hulk."

"¿Qué te parece supervisar?" me repitió como si hablara con alguien que no entendía. Le dije que sí, porque ¿qué más se le puede decir a alguien así de grande? Nunca había visto pesas tan grandes colocadas sobre la barra del banco de levantamiento. Cuando "supervisas" a alguien, te colocas detrás de la persona mientras levanta las pesas y le ayudas a levantar la barra guiándole en caso de que tenga problemas para finalizar una repetición. Ya tenía mis dudas sobre si podría o no manejar la clase de pesas que aquel tipo debía de levantar cuando vi cómo añadía más y más discos en los extremos de la barra.

Sin embargo, caminé hasta el banco mientras Hulk tomó su lugar en el banco y levantó la enorme barra. Se combó un poco en el medio, lo cual fue perturbador. Hizo dos levantamientos impresionantes, gruñendo de manera más impresionante cada vez. Los tipos pequeños que levantan pesas pequeñas y gruñen en el gimnasio son irritantes, pero los tipos que lucen como él pueden hacer lo que quieran y verse, bueno, bien.

Cuando fue a hacer la tercera repetición se quedó congelado a mitad de camino. Gruñó de nuevo, más visceralmente, luego la barra cayó un par de centímetros y espetó: "Necesito un poco de ayuda." Me agaché y tiré de la barra con todas mis fuerzas.

Nada. La barra no se movió. De hecho, bajó un poco más. Su rostro estaba rojo, sus ojos se le saltaban, sus dientes crujían y repetía desesperadamente: "Ayúdame." Tiré de nuevo con todas mis fuerzas y comencé a gruñir con él, pero la barra volvió a *caer* un par de centímetros, casi hasta tocar su pecho. Lo único que pude decir fue: "No tengo más fuerzas."

Me miró como si fuera a matarme y luego hizo un movimiento profesional de levantamiento de pesas que jamás olvidaré. Con la velocidad del rayo, movió la espalda hacia la izquierda, colocando de algún modo su brazo izquierdo en posición, y dejó caer su brazo derecho de manera que la barra golpeara el punto correcto del banco a un ángulo suficiente como para que todo el peso del lado derecho de la barra se descargara.

Con el peso aligerado en el lado derecho, la barra se ladeó hacia el lado izquierdo con una fuerza vertiginosa. El hombre giró la espalda hacia la derecha, dejando caer la mano izquierda para que la barra golpeara el banco del lado izquierdo, haciendo que las pesas se salieran también. Se levantó y lanzó la barra hasta el otro lado del gimnasio, se dio la vuelta y me miró. Todo pasó en un segundo. Permanecí de pie asombrado y pensé: *Voy a morir en el cuarto de pesas de un viejo YMCA.*

Logré disculparme de manera torpe y él caminó alrededor, respirando profundamente mientras aflojaba los puños. Luego se acercó y me dijo: "Vamos a comenzar a entrenar juntos."

Eh, está bien…

Este incidente dio inicio a mi primer régimen de entrenamiento con pareja. Nos reunimos en el gimnasio todos los días al mediodía y nos hicimos amigos. Su nombre era John y le encantaba presionarme, especialmente cuando supo que yo era cristiano. Él me decía cosas como: "¡Si fueras un verdadero cristiano, harías otras cuatro flexiones!" o: "¡Tres flexiones más en la espaldera si realmente amas a Jesús!" Por alguna razón, siempre sentí que lograr esas repeticiones era una manera de mostrarle la realidad de mi fe, así que daba lo mejor de mí… ¡y oraba!

Recuerdo los muchos días en que caminaba hacia mi auto, y mis brazos estaban tan adormecidos por haber levantado pesas que necesitaba ambas manos para poder introducir la llave en la puerta del auto. Por la noche tenía que pedirle ayuda a Lori para levantar la mano y cepillarme los dientes. ¡Qué patético!

Con el tiempo llegué a estar más fuerte que nunca debido a mi amistad con John. Desarrollé músculos en donde antes no los había, y pronto llegué a estar en la mejor condición física de toda mi vida. Mi improbable amigo transformó mi estado físico.

TRANSFORMERS

Ese es el poder de alguien en nuestras vidas que nos alienta, nos reta y nos presiona para crecer y desarrollarnos. Él vio cosas en mí que yo no siempre podía ver, y creyó que yo podía hacer más de lo que jamás hubiera pensado yo mismo. Eso es lo que hacen los amigos. Cuando mi amigo John se mudó de ciudad, ya no fue lo mismo. Yo seguía yendo al gimnasio, pero con menos frecuencia y mis entrenamientos eran menos entusiastas. Mis músculos comenzaron a atrofiarse.

La vida de fe también es así. Cuando comenzamos a vivir en el sí de Dios, no lo hacemos en aislamiento. Decir sí a Dios significa decir sí a otros. Juntos podemos crecer y desarrollarnos para llegar a ser todo lo que Dios desea que seamos. Nos presionamos unos a otros para seguir aprendiendo, seguir orando y seguir viviendo para Dios.

En su autobiografía, Salomón tiene la sabiduría de mirar atrás y ver la importancia de otras personas para muchas cosas en la vida. Él escribe: "Es mejor ser dos que uno, porque ambos pueden ayudarse mutuamente a lograr el éxito" (Eclesiastés 4:9, NTV). Con el poder combinado del trabajo en equipo y la relación interpersonal, dos personas pueden lograr más del doble que una sola. Hay un empuje especial que sucede cuando trabajamos juntos y nos ayudamos mutuamente a alcanzar el éxito. A pesar de toda su fatiga y cansancio, Salomón vio claramente que mucho en la vida depende de la amistad.

NORMAL Y POSIBLE

Mi mamá acostumbraba a molestarme mucho cuando me decía que me transformaría en lo mismo que aquellos con quienes pasara mi tiempo. Discutía con ella como lo hacen todos los adolescentes con sus padres, pero mirando atrás me doy cuenta de que siempre tuvo la razón. Estoy convencido de que una de las mejores maneras de predecir su futuro es mirar quiénes son sus amigos.

Me la pasaba con algunos amigos bastante salvajes en la preparatoria. Muchos de ellos terminaron en la cárcel. Decir sí a Dios marcó la diferencia en mi vida, pero no en completo aislamiento. Cuando dije sí a Dios comencé a interactuar con otras personas que también habían dicho sí a Dios. Tenían valores diferentes, y solo por estar con ellos aprendí cómo vivir en sobriedad, cómo enfrentar el conflicto sin recurrir a las drogas o el alcohol, cómo tratar a otras personas con respeto y amabilidad, y cómo depender de Dios.

La influencia de nuestros amigos afecta a cada aspecto de nuestras vidas, incluso de maneras que no percibimos. El sociólogo de Harvard, Nicholas Christakis, descubrió mediante investigaciones que incluso la obesidad es parcialmente una actividad compartida. Descubrió que si usted tiene amigos obesos, tendrá un 57 por ciento más probabilidades de ser usted también obeso.[21]

La influencia es sutil, pero real. Nuestros amigos determinan la manera en que definimos lo que es normal, desde la dieta y el ejercicio hasta las relaciones familiares. Muy pronto vemos el comportamiento alrededor nuestro como lo normal, incluso si no es sano o abiertamente destructivo y conduce a todo tipo de problemas. Así que simplemente tener un amigo puede no ser bueno para nosotros; todo depende del tipo de amigo que tengamos. No es que *cualquier* par de personas sea mejor que una; sino las dos *correctas* son mejor que una. Como concluye el autor de Proverbios: "Camina con sabios y te harás sabio; júntate con necios y te meterás en dificultades" (13:20, NTV).

Mi amigo Joseph Grenny y sus colegas han conducido investigaciones revolucionarias sobre la manera en que cambiamos desde el punto de vista sociológico. En su libro *Change Anything: The New Science of Personal Success,* señalan las influencias que moldean nuestras vidas. Cambiar de hábitos ya no es un secreto misterioso; ellos lo estudiaron científicamente y determinaron lo que hace falta para cambiar de comportamiento. Uno de los aspectos más importantes del cambio de vida lo componen los amigos en nuestra vida.

Los autores llaman cómplices a las relaciones negativas. Estas son personas que puede que en realidad disfruten mucho de compartir tiempo con usted, pero que tienen una mala influencia en usted. Su perspectiva negativa hacia el trabajo empaña nuestra propia perspectiva del trabajo; su falta de disciplina hace que nuestra propia disciplina disminuya. Su tendencia a fumar o beber, o cualquier otra cosa, hace que aumente nuestra tendencia a hacer las mismas cosas. Nuestros amigos no siempre nos influencian intencionalmente, pero aun así no dejan de ser cómplices. Aquellos que nos influencian positivamente para continuar en el camino y confrontar nuestros hábitos destructivos son clasificados como verdaderos amigos. En lo que se refiere a estos amigos, necesitamos tanto entrenadores como seguidores. Los entrenadores son aquellas personas que nos dan entendimiento y perspectiva. Comparten sabiduría, experiencia, aliento y apoyo. Nos ayudan a enfrentar nuestras propias debilidades. Los entrenadores pueden ser formales e informales, individuos con los que nos reunimos para almorzar, líderes a los que escuchamos en seminarios, o autores que nos inspiran con sus palabras. Su influencia llega a nuestras vidas de muchas maneras: por medio de libros, videos, seminarios, clases y conversaciones.

Como Joseph y sus colegas lo expresaron: "Si le resulta particularmente difícil cambiar, es muy posible que tenga personas a su alrededor que continuamente le ayudan a mantener un mal hábito."[22] Si está rodeado de compañeros de trabajo que odian su trabajo y constantemente se quejan y lloriquean por sus labores, lo más probable es que usted se encuentre deprimido por el trabajo también. Es difícil vencer a los cómplices en su vida.

Por ejemplo, cuando se encuentre rodeado por compañeros de trabajo negativos, imagine lo que podría suceder si comenzara a buscar algún entrenador informal que parece positivo y aparentemente ama su trabajo. ¿Qué sucedería si lo invitara a almorzar o a tomar algo durante un receso en el trabajo? Usted se estaría colocando informalmente bajo otra área de influencia que podría comenzar a dar forma a su actitud. También comenzaría a distanciarse de toda la negatividad de quienes no aman su trabajo.

Espiritualmente, si usted se está desviando en su fe o su servicio en la iglesia ha disminuido, mire a su alrededor. Quizá se deba a que quienes están a su alrededor le han influenciado de manera negativa. ¿Qué sucedería si se cambiara a un grupo de estudio bíblico en donde sus miembros crecen y se emocionan por las cosas de Dios? ¿Qué sucedería si estuviera alrededor de gente que comparte sus valores y su fe? Esas personas comenzarían a influenciarle de más maneras de las que pueda incluso imaginar conscientemente.

Necesitamos entrenadores y necesitamos seguidores. Ambos puede ser amigos personales, pero los seguidores van un paso más allá. Estos nos animan y nos inspiran a seguir adelante, a no rendirnos, a avanzar más, a darnos cuenta de que podemos llegar a mayores alturas. Los seguidores se toman el tiempo de decirnos las grandes cosas que estamos haciendo. Cuando cuelga el teléfono después de conversar con ellos, se siente de repente como si pudiera afrontar cualquier reto que tenga frente a sí.

Así que por mucho que lamente admitirlo, mi madre tenía la razón. Con frecuencia nos volvemos el producto de las personas con las cuales pasamos la mayor parte del tiempo. ¿Ha visto esto en su vida? ¿Quiénes son el puñado de personas con las que pasa más tiempo? ¿Qué tipo de personas son? ¿Le animan a través de sus propias vidas como entrenadores o como seguidores? ¿Son gente con la cual a usted le gustaría que sus hijos compartieran tiempo si tuvieran la misma edad? Piense en la influencia de usted en la vida de ellos. ¿Les alienta? ¿Es usted un entrenador o un seguidor, o tal vez un cómplice? Es mejor ser dos amigos correctos que uno, porque ambos pueden ayudarse mutuamente a lograr el éxito.

LA SONRISA DE LA SEGUNDA OPORTUNIDAD

Por mucho que nos incomode algunas veces, todos necesitamos de otras personas. Salomón describe otro de los beneficios de tener un amigo de la manera siguiente: "Si uno cae, el otro puede darle la mano y ayudarle; pero el que cae y está solo, ese sí que está en problemas" (Eclesiastés 4:10, NTV). Los amigos estarán junto a usted cuando caiga, cuando se equivoque, cuando todos los demás se hayan ido. Nadie debería tener que atravesar el valle de la vida solo.

Uno de los lugares en donde pude con sorpresa ver el poder sustentador de vida de la amistad fue, sorprendentemente, en una prisión. Con toda razón, nadie quisiera estar en una prisión. Es un lugar espantoso, y con frecuencia muy peligroso. Así que para satisfacer las muchas necesidades de los reclusos, nuestra iglesia comenzó a formar pequeñas iglesias en varios centros de reclusión. Estas iglesias son formadas en cooperación con el programa *God Behind Bars* [Dios tras las rejas] y bajo la dirección de los capellanes de prisión. Proveemos voluntarios así como las grabaciones de la música y las enseñanzas de los fines de semana para ser proyectados en grandes pantallas de video. Los grupos pequeños se reúnen en grupos de recuperación de doce pasos centrados en Cristo.

Cuando comenzamos no estábamos seguros de que nadie participara, pero desde el principio las sillas de la prisión siempre estuvieron llenas. Un año fuimos a una prisión de mujeres para un evento en vivo de Navidad. Aunque estaba familiarizado con el ministerio carcelario, nada pudo prepararme para presenciar la pasión y el gozo que había en esta comunidad de segundas oportunidades. A medida que centenares de mujeres entraban al servicio, mi esposa y yo las recibíamos. Inmediatamente vimos los rostros de personas que habían sido rescatadas por Jesús de la amargura, la soledad, el odio y la adicción. Llevaban consigo Biblias evidentemente muy usadas, muchas de las cuales habían sido regalos de nuestra iglesia. Cuando comenzó el servicio y estas mujeres se levantaron para cantar, sus voces eran más audibles que cualquier concierto de rock al que hubiera ido. Era simplemente hermoso, y no me importó sentir molestias en los oídos por varios días.

Muchas de ellas habían llegado a la fe en Jesús por medio de los servicios religiosos que nuestra iglesia celebraba en la prisión. Reconocimos a una de las reclusas por las noticias, era alguien condenada por cometer un asesinato muy sonado. Las demás estaban por cada tipo posible de delito. Pero todas ellas llegaron a la fe, crecieron en su fe y se servían las unas a las otras, juntas.

Cuando me levanté para hablar, vi a unas 400 mujeres, todas mirándome con una amplia sonrisa. Tan absurdo como pueda sonar, lo que me impresionó en ese momento fue que prácticamente a cada mujer que estaba en aquel servicio le faltaban dientes. Eran mujeres jóvenes, muchas que no llegaban siquiera a los 40 años, y aun así les faltaban uno o más dientes frontales.

Le pregunté a una experimentada voluntaria, y me dijo que en la prisión si había algún problema dental, resultaba más barato extraer el diente que arreglarlo. Al principio me encolerizó saber que a una chica de veinticinco años de edad que había cometido errores en la vida le sacaran los dientes y que luego se esperara que tuviera una vida normal después de cumplir su pena, como si nada hubiera pasado.

Pero luego vi a cientos de mujeres sonriendo de oreja a oreja, con sus ojos cerrados, cantando a Jesús con gratitud. No les importaba. Si usted no tuviera dientes se sentiría tentado a cerrar la boca, especialmente ante un grupo de personas desconocidas, pero ellas sonreían todo el tiempo. La llamo la sonrisa de la segunda oportunidad: nada que probar, nada que perder, solo una persona perdonada que ha recibido un nuevo comienzo en Jesús. Fue un servicio increíble.

Estábamos allí para ayudarles, pero lo que vi en esta comunidad fue su disposición a decir sí a Dios y experimentar su ayuda, lo cual a su vez les permitía ayudarse las unas a las otras. Conocí a muchas voluntarias que conducían un largo camino para visitar la prisión cada semana para ayudar a estas mujeres. Estas maravillosas voluntarias también se encontraban con muchas de ellas en la puerta cuando eran liberadas, para darles un equipo *Fresh Start* con artículos básicos de aseo personal, y comenzar a ayudarles con sus currículums, habilidades de trabajo, y lugares en donde vivir. ¡Eran verdaderas amigas!

Me recordó que sin importar lo heridos o echados a perder que estemos, sin importar lo bajo que caigamos, nunca es demasiado tarde para volvernos a Dios y a la comunidad de la iglesia en busca de ayuda. La palabra hebrea que Salomón utiliza para "caer" tiene una amplia gama de significados. La imagen que tenemos aquí es la de dos viajeros que van por un camino en el que la gente con frecuencia se encuentra con peligros, daños o destrucción. A nuestro alrededor hay gente que cae en divorcio, enfermedad, adicción, crisis familiares o escándalos. Los verdaderos amigos ofrecen la mano en lugar del pie; extienden el brazo para sostener a la persona lastimada y le ayudan a levantarse. Se aseguran de que no caminemos solos, que no pasemos por la muerte de un ser querido a solas, que no estemos solos de noche preocupados por un cónyuge militar que está sirviendo en el campo de batalla. Cuando caemos y un amigo nos ayuda a levantarnos, también podemos sonreír la sonrisa de la segunda oportunidad.

NOCHES FRÍAS

Salomón continúa describiendo el poder y los beneficios de la amistad, diciendo: "Del mismo modo, si dos personas se recuestan juntas, pueden brindarse calor mutuamente; pero ¿cómo hace uno solo para entrar en calor?" (Eclesiastés 4:11, NTV). El punto obvio es que al viajar con alguien más, ambas personas pueden mantenerse calientes por las noches si dormían uno junto al otro. Espiritualmente, los amigos pueden ayudarnos dándonos calor en los períodos invernales de la vida. Los amigos nos alientan, nos escuchan y comparten nuestros sueños. Los amigos pueden darnos calor porque son sinceros en su interés y preocupación por nosotros.

Uno de los programas más exitosos del canal History Channel es *Pawn Stars* ["El precio de la historia" en América Latina y "La casa de empeños" en España], grabado en una casa de empeño en el centro de Las Vegas. La trama es sencilla: la gente lleva artículos valiosos a la tienda y Rick, Corey alias "Big Hoss" y El Viejo ofrecen dinero para comprarlos.

Si usted ve el programa, sabrá que hay muchos factores que intervienen al momento de determinar cuánto vale un artículo, pero lo primero que siempre quieren saber es esto: "¿Es realmente original?"

¿Es de verdad un auténtico anillo de la Super Bowl o una copia? ¿Es un Rolex genuino o una imitación? ¿Es un dibujo original de Picasso o es el trabajo mejorcito de un estudiante de artes? Sin importar lo hermoso, increíble o significativo que parezca ser un objeto, el personal de la casa de empeño no lo adquirirá a menos que pueda probar su autenticidad. Ellos saben que el valor real empieza con un objeto auténtico.

Por eso, siempre están alertas ante gente que pueda intentar engañarlos, gente que intente presentar objetos que parezcan legítimos pero no lo son. Lo mismo puede suceder con las relaciones. Pensamos que las apariencias son lo que más importa. Ser presentables. Deseamos lucir bien. Queremos relacionarnos con los chicos populares, la gente de moda. Pero el valor real y la verdadera amistad comienzan con ser auténticos. Si deseamos tener relaciones verdaderas en nuestras vidas, debemos ser sinceros con los demás, y esto con frecuencia significa no vernos siempre bien. Algunas veces, admitir lo peor de nosotros. Las imitaciones pueden verse bien, pero al final no valen mucho.

Para experimentar lo que es la verdadera amistad, debemos comprometernos a alcanzar niveles más profundos de comunicación. En el primer nivel de comunicación solo hay información, en donde compartimos hechos y observaciones. Todo el mundo hace eso; es lo básico, incluso con alguien que vaya pasando por la calle. Podemos preguntar a alguien en la calle qué hora es y nos responde. Podemos preguntarle a un amigo qué sucedió y este nos cuenta los detalles, hechos y fechas del evento. Podemos preguntar a nuestros padres y ellos nos dirán cómo está el clima.

Obviamente, necesitamos compartir información, pero si solo compartimos información nos quedaremos en pañales en cuanto a aprender cómo ser auténtico. Usted estará retozando en la piscina infantil de la comunicación. Necesita soltar los flotadores y adentrarse en aguas más profundas. Necesita pasar de la información o la opinión.

Con las opiniones usted no dice lo que sabe, sino lo que piensa sobre lo que sabe. Usted expresa lo que siente sobre lo que sabe. Generalmente no compartimos opiniones con desconocidos, pero sí con gente conocida. Gente a la que hemos visto antes. Gente con la que trabajamos. También compartimos opiniones con amigos, pero eso no es lo que les hace buenos amigos, aunque negarse a expresar o no compartir una opinión es señal de que la amistad se está debilitando un poco.

Lo que hace que una amistad se profundice es comunicar nuestros verdaderos sentimientos y no solo los que son socialmente aceptables o "apropiados." Cuando honestamente describimos nuestros temores y ansiedades, nuestros instintos egoístas y nuestros sueños más grandes. Piense en las personas a las cuales estaría dispuesto a confesar sus esperanzas más profundas. Gente en la que puede confiar sobre asuntos que realmente le asustan o le avergüenzan. Si usted tiene a alguien así en su vida, él o ella es su verdadero amigo.

Todos deseamos tener a un amigo así. Una relación en la que podamos ser sinceros. Pero la verdad es que para la mayoría no es así. Facebook nos inunda con información. Twitter nos bombardea con encabezados de una línea de nuestros amigos y familiares. Skype y los mensajes de texto nos mantienen en constante comunicación.

Pero pocas personas tienen el valor de compartir todo el tiempo sus esperanzas, sueños y temores.

Si usted desea tener este tipo de amistad, entonces ore a Dios para que Él le muestre este tipo de amigo, ore para que Dios le ayude a ser este tipo de amigo usted mismo, y arriésguese con alguien en quien confíe y comparta sus cosas. En este tipo de relación encontramos calidez y aliento en los momentos fríos de la vida.

Helen Keller dijo: "Caminar con un amigo en la oscuridad es mejor que caminar solo en la luz." Todos queremos tener este tipo de amigo, uno que camine con nosotros en la oscuridad y la luz. Así que nosotros también debemos ser este tipo de amigo con otros: nuestros hijos, hermanos, padres, cónyuges, y esas personas especiales que Dios pone en nuestras vidas para que caminen con nosotros sin importar lo oscuras que se pongan las cosas.

Salomón dice: "Es mejor ser un joven pobre pero sabio que ser un rey viejo y necio que rechaza todo consejo. Un joven así podría salir de la pobreza y triunfar. Hasta podría llegar a ser rey, aunque hubiera estado en la cárcel. Sin embargo, luego todo el mundo corre a aliarse con otro joven que lo reemplaza. Lo rodean innumerables multitudes, pero luego surge otra generación y lo rechaza a él también. Así que nada tiene sentido, es como perseguir el viento" (Eclesiastés 4:13-16, NTV).

No importa lo lejos que llegue en la vida o cuán popular se vuelva. Puede ir de la cárcel al trono, pero finalmente la multitud querrá a alguien más, el trono pasará a alguien más, y a usted ¿qué le quedará? Popularidad, éxito, fama, honor… todas las tiene hoy, pero mañana ya no estarán. Nada tiene sentido, es como perseguir el viento. Nada es auténtico. ¿Qué es lo verdaderamente auténtico? La gente de la cual viene. La gente con la cual anda. La gente con la que esté hasta el fin.

CUBRIR LA RETAGUARDIA

Los verdaderos amigos no solo brindan apoyo y calidez, también ofrecen refugio y protección. Algunas veces es ofreciendo un lugar seguro donde compartir lo que hay en su corazón o simplemente ser entendido. Otras veces es alguien que, literalmente, vigila su retaguardia.

Esto me vino a la mente cuando estaba de pie fuera del santuario de nuestra iglesia en un área pública, mientras esperaba para el siguiente servicio. Un hombre de camiseta azul se me acercó, con mangas rotas que dejaban ver un montón de tatuajes, y el cabello negro engominado hacia atrás. Estaba en buena forma, medía unos dos metros de altura y estaba terriblemente enojado. No lo había visto nunca pero comenzó a gritarme. Nunca había visitado una iglesia, mucho menos la nuestra. Decía que odiaba todo tipo de religión y que me odiaba a mí porque yo representaba al cristianismo. (Sí, me pareció extraño que hubiera decidido ir a una iglesia para decirme eso).

Gritaba cada vez más y más, y pensé que me arrancaría la cabeza. Esperaba que en cualquier momento aquel hombre me lanzara un puñetazo. Me concentré en estar completamente relajado e hice todo lo que pude para calmarlo durante diez minutos. Finalmente experimenté lo que la Biblia dice: "La respuesta amable calma el enojo" (Proverbios 15:1, NVI). El hombre se calmó, dijo lo que tenía que decir y se marchó. Cuando se marchó, comencé a temblar. Aquel había sido un momento intenso. Luego miré a mi alrededor, y nunca olvidaré lo que vi. Mis amigos, que yo ni siquiera había notado que estaban allí, estaban todos alrededor mío, a unos cinco o seis metros de distancia detrás de mí. Algunos estaban reclinados, otros estaban sentados casualmente, nada que pareciera amenazador.

A mi lado derecho había un oficial de policía vestido de paisano. Al otro lado había un miembro de equipo SWAT de nuestra ciudad. En la esquina había un miembro retirado de las fuerzas especiales. Del otro lado estaba un amigo al que no te gustaría encontrarte en un callejón a media noche. Todos eran mis amigos, y se acercaron después para decirme: "Te teníamos cubierta la retaguardia." Eso es lo que hacen los amigos, te cuidan la retaguardia. Me sentí muy agradecido.

Como lo dijo Salomón: "Alguien que está solo puede ser atacado y vencido, pero si son dos, se ponen de espalda con espalda y vencen" (Eclesiastés 4:12, NTV). La imagen es poderosa. Todos tenemos puntos ciegos. Todos somos vulnerables, pero teniendo a un amigo tenemos a alguien que luche con nosotros y por nosotros en la vida.

Algunos años atrás, un hombre de nuestra iglesia tuvo un serio accidente de tráfico y se rompió ambas manos. Le colocaron escayola desde la punta de los dedos hasta los codos. No podía escribir, vestirse, conducir, comer, bañarse, o hacer ninguna de las actividades diarias por sí solo que todos damos por sentadas. Además de trabajar a tiempo completo y atender a sus hijos, su esposa estaba estudiando para ser asistente médica, y ahora debía llevar a su esposo al terapeuta físico cuatro veces a la semana.

La primera vez que fue a la iglesia después del accidente y vio a un amigo de su grupo de estudio bíblico, las cosas comenzaron a cambiar. Me escribió para decir: "Cuando un amigo mío me vio con mis nuevos súper guantes, se quedó boquiabierto. Inmediatamente me dijo: '¿Qué podemos hacer para ayudarte?' Aquellas palabras todavía resuenan en mi corazón. Para mí siempre fue difícil pedir ayuda. Creo que algunas veces es mucho más fácil dar que recibir ayuda de otras personas porque nuestro orgullo se interpone. Le susurré algunas cosas con las cuales me podía ayudar."

La gente colaboró. Comenzaron a llevarlo y traerlo del trabajo para ayudar a su esposa. Le llevaban comidas. Cuidaban a sus hijos. Otros oraban y le alentaban a seguir adelante.

Él escribió: "No hay palabras con las que pueda expresar la gratitud y el amor que sentimos por nuestra iglesia. Todos han sido una extensión de las manos del Señor en mi vida cuando mis propias manos eran inservibles… Ahora mis dedos están sanos, y creo honestamente que el accidente fue lo mejor que me pudo haber pasado porque me mostró lo cerca que debemos estar los unos de los otros como cristianos." Él lidió con una situación horrible, pero no tuvo que hacerlo solo. Hubo personas junto a él para ayudarle.

Salomón dice: "mejor todavía si son tres, porque una cuerda triple no se corta fácilmente" (Eclesiastés 4:12, NTV). Si ahora está solo en la vida, usted es increíblemente vulnerable. En el sentido espiritual, ¿quién cuida su retaguardia? ¿Hay alguien que pueda preguntarle con confianza: Cómo va tu relación personal con Dios? ¿Cómo está tu fe? ¿Te mantienes fiel con la comunidad de la iglesia? ¿Con qué tentaciones estás enfrentándote ahora en tu vida?

Existe el tipo de amigos que dicen: "No dejaremos que te desvíes." Si ven orgullo o arrogancia en usted, si ven que hay cosas malsanas desarrollándose en usted, le pondrán a un lado y le dirán: "Somos tus amigos y velamos por tu bien. Necesitas ver lo que sucede en esta área en tu vida y te ayudaremos a hacerlo."

MODO RELACIONES INTERPERSONALES

Quiero que se imagine que acaba de recibir la noticia más maravillosa del mundo. Piense en el grupo especial de personas a quienes se lo contaría primero. Y ahora piense sinceramente en cuánto tiempo ha pasado con ellos esta semana. Como padre y esposo, lucho con esto. Es muy fácil dejar que las relaciones profesionales y el trabajo dominen mis horarios. Al final, tuve que tomar algunas decisiones difíciles para estar en el trabajo un poco menos de tiempo para poder pasar más tiempo en casa. Es irrelevante lo importante que usted diga que es una persona para usted; si él o ella no está en su calendario y en su vida, usted no está viviendo para lo que es en verdad auténtico.

Este es un problema antiguo que Salomón había visto ya en su propia época. "También observé otro ejemplo de algo absurdo bajo el sol. Es el caso de un hombre que está totalmente solo, sin hijos ni hermanos, no obstante trabaja mucho para acumular toda la riqueza posible. Sin embargo, luego se pregunta: '¿Para quién trabajo? ¿Por qué me privo de tantos placeres?'. Nada tiene sentido, todo es tan deprimente" (Eclesiastés 4:7-8, NTV).

Aquí vemos a un hombre que un día se da cuenta de que tiene muchas cosas, pero nadie a su alrededor y, si se ha dado cuenta, ningún placer. Él se hizo una pregunta muy importante: "¿Para quién trabajo?" Todos deberíamos hacernos la misma pregunta. Tenemos que ser realistas con nuestro tiempo. ¿En qué lo está gastando? ¿Lo gasta en relaciones que pueden traerle alegría, calidez y protección, o lo gasta en algo que al final carecerá de todo sentido?

Un gran reto para la amistad es lo que yo llamo TDA-AT: Trastorno de Déficit de Atención por Abuso Tecnológico. El culpable es el teléfono celular. Nos hace hacer cosas locas como enviar mensajes de texto a nuestros amigos cuando estamos fuera con nuestro cónyuge, o enviar un mensaje de texto a nuestro cónyuge cuando estamos con los amigos. Nos tienta a revisar nuestra página de *Facebook* y *Twitter* cuando estamos fuera con nuestros amigos *reales* en el mundo tridimensional.

Se los llama teléfonos inteligentes, pero si permite que le roben la atención que debe dar a la persona con la que está pasando tiempo, entonces se transforman en teléfonos estúpidos. No permita que el celular le distraiga de ver a quien tiene enfrente. Su amigo. Su hermano. Su hijo. Su cónyuge. No se deje vencer por el TDA-AT. Cuando el teléfono celular está apagado, mi esposa Lori y yo decimos que está en modo relaciones interpersonales. Apague su teléfono celular y encienda sus relaciones interpersonales. Es la única cura para el TDA-AT.

Si usted es como yo, cuando realmente quiere algo encontrará la manera de que suceda. Y mientras más grande sea, más lo planificará. De hecho, solo tomar un lápiz y un trozo de papel para escribir un plan para sus relaciones puede ser la cosa más efectiva que pueda hacer para desarrollar tales relaciones. Como concluyeron Joseph

Grenny, por cuarta vez el autor de más ventas de la lista del *New York Times*, y sus colegas: "Estudios repetidos muestran que escribir simplemente un plan incrementa las oportunidades de éxito en más de un treinta por ciento."[23]

Con frecuencia tenemos planes como el plan de vacaciones, el plan de una nueva vivienda, el plan de retiro o el plan de empleo. Incluso tenemos planes de alimentación, pero en lo que se refiere a las amistades, las relaciones o nuestra comunidad, ¡no tenemos ninguno!

Así que tómese un momento para elaborar uno. Puede ser algo sencillo. Por ejemplo, un viernes al mes cenamos con los amigos. Cada dos semanas almuerzo con mi mejor amigo. Todas las noches de lunes a viernes leo a mis hijos. A la hora de la cena apagamos el televisor y los celulares, y hablamos.

Para algunos de ustedes, un buen plan podría ser asistir por primera vez a un grupo de estudio bíblico de la iglesia. O tal vez volver a alguno al cual ya haya ido. Sin importar qué plan escoja, es mejor tener uno que no tener ninguno. Debemos ser intencionales en cuanto a nuestras relaciones interpersonales. La amistad es lo auténtico. Da valor a todo lo demás en la vida y es una de las cosas que apreciamos más al final de nuestras vidas.

Capítulo siete

Sí al contentamiento

> El contentamiento es ese estado espiritual interior, calmo y lleno de gracia en el que nos sometemos libremente y nos gozamos en lo que disponga Dios en cada situación.
>
> —*Jeremiah Burroughs*

Gracias a la invención de las grabaciones y reproducciones digitales, mis hijos se ahorraron muchos años de observación forzada de comerciales de treinta segundos en la televisión. Todavía puedo recordar cuando nos sentábamos en el salón para ver nuestro programa favorito de televisión "en vivo" cuando de repente era interrumpido por un comercial. Puesto que era transmitido en vivo y no podíamos grabarlo, mis hijos tenían que ver lo que sus padres siempre saltaban dándole al botón de avanzar.

En este caso se trataba de un comercial de Floam, bolsas pequeñas de láminas de *foamy* o goma de diferente colores que los niños felices y brillantes del comercial usaban para hacer animales, pelotas, rodilleras e incluso castillos de arena. Con una canción vivaz y cortes rápidos, el hábil y agresivo anunciante obró su magia sobre mis hijos que, con los ojos muy abiertos y la boca abierta, miraron el comercial entero llenos de asombro.

Después de un momento de silencio, mi hijo habló.

"¡Tenemos que comprarlos!"

"¿Podemos, papi, podemos comprar algunos?" rogó su hermana.

Donde antes habían estado la emoción y satisfacción de ver un programa de televisión en un día de descanso, había ahora un completo vacío. Un hueco con forma de lámina de foamy se abrió en los corazones de mis hijos, donde treinta segundos antes no había habido ninguno. Sabía que tenía que cerrarlo cuanto antes.

"Claro", les dije, "si lo compran con su propio dinero. ¿Lo quieren tanto como para pagarlos con su propio dinero?" Al final resultó que las láminas de foamy eran solo dignas de *mi* dinero, pero no del *suyo,* ahorrándome horas de tener que limpiar residuos de foamy por los siguientes cinco años.

Este es el mundo en que vivimos: el mundo del más. Aunque yo era inmune a Floam, la debilidad particular de mis hijos, yo mismo sucumbí a mi propia versión de más con mi propio dinero: artículos para guitarra. Y costaban mucho más que las láminas de foamy, ¡se lo puedo asegurar!

El vació con forma de lámina de foamy en nuestras vidas es uno que solo Dios puede llenar. Él nos puede enseñar cómo obtener contentamiento en Él sin la necesidad de más. Él nos puede enseñar cómo tener contentamiento sin importar lo que tengamos o no, si le dejamos hacerlo.

MÁS ES MENOS

En medio de su desahogo verbal existencial sobre el significado de la vida, Salomón torna su atención al escurridizo concepto del *más* (Eclesiastés 6). En toda su búsqueda y evaluación sabia de la vida, se encuentra con una tragedia más.

La gente que logra más y más de todo lo que desea en la vida, para que al final todo eso sume igual a nada. Obtienen más, pero se vuelve menos. Salomón escribe: "He visto otro mal terrible bajo el sol que pesa tremendamente sobre la humanidad. Dios les da a algunos mucha riqueza, honor y todo lo que pudieran desear, pero luego no les da la oportunidad de disfrutar de esas cosas. Se mueren, y algún otro —incluso un extraño— termina disfrutando de toda esa abundancia. Eso no tiene sentido, es una tragedia terrible" (Eclesiastés 6:1-2, NTV).

En su ejemplo, una persona recibe todo lo que podría jamás querer (dinero, fama, respeto y éxito). Aun así, le falta gozo, contentamiento, satisfacción y sentido de realización. Esto nos recuerda que las cualidades más importantes que buscamos no son el resultado de lo que tenemos o no tenemos.

Algunas personas lo tienen todo, dice Salomón, pero pudieran muy bien no tener nada porque nada de lo que tienen les hace felices. Salomón no da las razones específicas de por qué estas personas pudientes y exitosas no son felices con sus vidas. Simplemente dice: "[Dios] no les da la oportunidad de disfrutar de esas cosas," pero creo que es fácil inferir los motivos. Nótese que Salomón dice que esta tragedia "pesa tremendamente sobre la humanidad" (6:1). La frase "pesa tremendamente" no significa solamente que su peso sea grande, sino también que "pesa sobre muchos," lo que quiere decir que es un problema común para todos. Los estudios actuales apoyan la afirmación de Salomón.

Carol Graham es una investigadora que estudia la felicidad. Como puede imaginar, la felicidad es algo difícil de medir, especialmente cuando comparamos los resultados de los diferentes estudios en diferentes países. Aun así, Graham descubrió una curiosa realidad: los ingresos no garantizan la felicidad.

Los sondeos revelaron la existencia de personas felices e infelices tanto en países pobres como en los ricos. En general, mientras más rico el país, más grande es la felicidad, pero muchos países pobres tenían niveles muy altos de felicidad. Los hallazgos fueron tan inesperados que Graham le dio un nombre al fenómeno: el problema de "La Campesina Feliz y la Millonaria Desgraciada."

Por un lado, tenemos a una campesina que dice ser muy feliz. Por otro lado, tenemos a una millonaria directora ejecutiva que dice ser desgraciada. ¿Se debe a sus expectativas? ¿O tal vez a sus disposiciones naturales?

Los investigadores tienen problemas para explicar la disparidad entre ingresos-felicidad de manera objetiva, pero han encontrado un patrón que se repite. Los seres humanos tienen una habilidad excepcional para adaptarse tanto a la prosperidad como a la adversidad. Según Graham: "El punto a remarcar es que la gente puede adaptarse a la adversidad tremenda y mantener su alegría natural, y de igual forma tener prácticamente todo, incluida una buena salud, y ser desgraciada."[24]

SUFICIENTE NO ES SUFICIENTE

Esta paradoja suena exactamente como la "tragedia terrible" que Salomón describió hace miles de años: personas que lo tienen todo y no pueden disfrutarlo. No se trata de falta de recursos. Es un problema de *contentamiento.*

Salomón prosigue citando el ejemplo concreto de un hombre que tiene cien hijos y vive dos mil años. Pudo muy bien haber dicho que tuvo un millón de hijos y vivió mil millones de años, porque está usando una hipérbole. Salomón desea que sepa que este hombre lo tenía todo, más de lo que cualquiera quisiera o pudiera imaginar, pero su destino seguía siendo una tragedia. "Un hombre podría tener cien hijos y llegar a vivir muchos años. Pero si no encuentra satisfacción en la vida y ni siquiera recibe un entierro digno, sería mejor para él haber nacido muerto. Entonces su nacimiento habría sido insignificante, y él habría terminado en la oscuridad. Ni siquiera habría tenido un nombre ni habría visto la luz del sol o sabido que existía. Sin embargo, habría gozado de más paz que si hubiera crecido para convertirse en un hombre infeliz. Podría vivir mil años o el doble, y ni aun así encontrar satisfacción; y si al final de cuentas tiene que morir como todos, ¿de qué le sirve?" (Eclesiastés 6:3-6, NTV).

Vivimos en una sociedad individualista en la que los logros personales son los que nos dan estatus y trascendencia. En los tiempos de Salomón no era así. Los hijos eran un símbolo de estatus importante en la antigua cultura hebrea. Era una cultura centrada en la familia, lo que hacía que mientras mayor fuera la familia, más grande sería su buena reputación, riqueza y trascendencia. Usted era su familia, y punto. Si usted era el padre de cien hijos, entonces no habría duda de que era un machote.

Imagine que un solo hombre fuera el creador de todas las invenciones más grandes del siglo pasado: la electricidad, la penicilina, los viajes espaciales, las computadoras personales, el Internet y, además de eso, hubiera logrado ganar como entrenador de los Cowboys de Dallas diez veces seguidas la Super Bowl. Este hombre habría sido ciertamente la persona más increíble en todo el mundo.

Este es el tipo de persona que Salomón nos describe. Es Einstein, Da Vinci, Tom Landry y Steve Jobs en una sola persona. Este es el tipo de persona, con todas sus invenciones y logros, que según Salomón habría estado mucho mejor si hubiera *nacido muerto*. ¿Qué? ¿Qué hace que una vida de logros increíbles no valga la pena vivirla?

Esta persona no halló contentamiento alguno.

Según Salomón, sin importar lo que usted haga, compre o logre, si no encuentra satisfacción, mejor le sería estar muerto, porque tan pronto como alcance un logro, estará desesperado por alcanzar el siguiente. Más lleva a menos hasta que le sea mejor no tener nada.

¿Ha notado que en el ejemplo de Salomón el hombre citado no recibió un entierro decente? Cien hijos y ninguno se tomó las molestias de asegurarse de que su padre fuera despedido con honores y de manera única. ¿Quizá sería porque se preocupó más por procrear al hijo número cien, que se olvidó de los otros noventa y nueve? Uno de los problemas más siniestros de ser adictos a tener más es que nos hace ciegos a lo que tenemos ahora.

Ponga atención a lo que Salomón dice en respuesta a esta historia: "Disfruta de lo que tienes en lugar de desear lo que no tienes;

soñar con tener cada vez más no tiene sentido, es como perseguir el viento" (Eclesiastés 6:9, NTV).

Me gusta la manera en que la Reina Valera 1995 lo traduce: "Más vale lo que ven los ojos que un deseo que pasa. También esto es vanidad y aflicción de espíritu." Nótese que se resalta la diferencia entre lo que podemos ver (lo que tenemos enfrente) y lo que deseamos (lo que no tenemos). Salomón nos da una de las claves del contentamiento: ver lo que ya tenemos, no anhelar lo que no tenemos. Dios dice "no" a la maldición del más, pero dice "sí" a la satisfacción del contentamiento.

COMPETICIÓN DE GRATITUD

¿Ha estado alguna vez en un espacio cerrado con gente miserable y refunfuñona? La energía negativa parece invadirlo todo, y pronto la gente comienza a ser desagradable los unos con los otros. Tuve una experiencia así en el auto con mi familia. Intentábamos llegar a cierto lugar para hacer algo divertido, pero los chicos iban quejándose por ello. Muy pronto mi esposa y yo comenzamos a rezongar también. Éramos una partida de gruñones sobre ruedas cuando de repente, por la gracia inmerecida de Dios, tuve una idea.

"¡Competición de gratitud!" grité.

Las reglas eran muy sencillas. Daríamos vueltas en círculo diciendo cosas por las cuales estábamos agradecidos. La primera persona que no pudiera pensar en algo, perdía. Mi esposa comenzó, luego fue mi turno, luego los chicos uno por uno. Después de cada respuesta aplaudíamos y dábamos hurras a la persona que había dado gracias, como si hubiera encestado desde la mitad de la cancha.

Después de unas cuantas rondas estábamos riendo y nuestro humor era alegre. Todavía seguíamos buscando el lugar al que íbamos, pero centrarnos por un momento en la gratitud transformó nuestro mal humor en contentamiento.

Cuando nos enfocamos en las cosas buenas que ya tenemos, cambiamos. Recordamos lo bendecidos que somos y todas las cosas que damos por sentadas. Usted tiene la oportunidad de vivir en la sabiduría de disfrutar de las cosas mientras las tiene, en lugar de lamentarse cuando ya no estén. Da gracias a Dios por lo que ve en lugar de orar por lo que quiere. Es como jugar a "Tengo, tengo" y enumerar todas las cosas por las cuales se siente agradecido en lugar de jugar a "¿Dónde está Pablo?" y buscar algo esquivo en medio de mucha abundancia. La gratitud es la clave del contentamiento.

LA TRAMPA DE LAS COMPARACIONES

Por otro lado, las comparaciones son la clave para la infelicidad. Piense en lo siguiente: ¿Cómo nos enteramos de todas las cosas estupendas que no tenemos? ¡Al ver a alguien que sí las tiene! Esto ayuda a explicar el problema de la Campesina Feliz y la Millonaria Miserable. La persona pobre compara su vida con la de otras personas pobres y no se da cuenta de lo que le falta.

La persona millonaria, sin embargo, está rodeada e inundada de posesiones y privilegios más allá de sus posibilidades. Esto le lleva a enfocarse en lograr la igualdad entre sus pares. Cuando usted compara su riqueza terrenal con alguien que tiene más, su apetito por más nubla sus ojos y le roba el contentamiento. Le hace ciego a todas sus bendiciones, inmune a todo lo que usted ya vale.

Esto no les sucede solo a los millonarios, por supuesto, y puede manifestarse de manera muy sutil. Es ese pinchazo que siente cada vez que ve a alguien con la última versión de su teléfono celular. Es la mirada que recibe del aparcacoches cuando usted se detiene en su maltrecha y poco lujosa minivan. Es la presión que siente cada vez que observa el precio de aquellos jeans de marca, carraspeando y esperando que su cuenta bancaria soporte el golpe. Es la envidia que experimenta al ver ese gran partido en la nueva pantalla plana de plasma de 60 pulgadas de su vecino.

Las comparaciones inflaman nuestro orgullo y apetito por más. Enfocan nuestros ojos en desear lo que otros tienen, en lugar de apreciar lo que ya tenemos. El mejor consejo es dejar de compararnos con los demás. Si le resulta demasiado difícil dejar de compararse, entonces al menos deje de compararse con los que tienen más y compárese con los que tienen menos. No sienta celos por el modelo de teléfono celular más delgado y ligero que hace parecer al suyo más grande y pesado. Compare hacia abajo. Piense en el hombre que todavía usa el indestructible Nokia de hace diez años. O vaya aun más atrás y piense en los días de los teléfonos ladrillito. ¡Al menos a usted no le sale una hernia cada vez que el teléfono suena!

En lugar de mirar los vehículos lujosos en el estacionamiento, vea la parada del autobús y esté agradecido de tener un automóvil. Siéntase orgulloso al entregar las llaves al aparcacoches y dígale que tenga cuidado con los cables sueltos que salen del lugar en donde solía estar su radio reproductor. Dígale que usted sabe exactamente cuántos rayones tiene el auto, y que más le vale ser cuidadoso en no agregar uno más.

Cuando esté de pie frente a su armario cada mañana, buscando algo perfecto que ponerse, mire el lugar en el que dice la etiqueta que fue confeccionada la prenda. Piense en las personas que viven en una tierra que usted probablemente jamás pueda hallar en un mapa, y que llevan unas vidas que usted no puede imaginar, y piense en lo afortunados que se sienten ellos por tener lo suficiente para alimentar y vestir a su familia. Recuerde también que sin importar lo mucho que puedan costar esos jeans hoy, algún día usted los *revenderá* por tan solo 2 dólares en una venta de segunda mano.

Lo mejor que podemos hacer para hallar contentamiento es reemplazar nuestro deseo de tener más cosas por el deseo de tener más de Dios. No disminuya simplemente su apetito; redirija esa hambre hacia una relación que produce contentamiento duradero.

BES CONTRA SES

Una de las cosas que debemos recordar sobre Salomón es que él habla con frecuencia desde una perspectiva "bajo el sol" (BES). Él observa gente BES con un montón de cosas BES y alcanzando todo tipo de logros BES, pero sin ninguna satisfacción BES. Esto le lleva a la conclusión de que una vida BES tiene en realidad poco que ofrecer.

Salomón nos brinda consejo sabio sobre cómo alcanzar mayor contentamiento con nuestra vida BES, que es "querer lo que ya tienes." Sus ejemplos incluyen disfrutar del trabajo, disfrutar de una buena comida, disfrutar de su cónyuge, y así sucesivamente. Seré honesto, sin embargo. Aunque este es un buen consejo, estas sugerencias suenan todavía a pañitos mojados. Es como cuando les digo a mis hijos "Está bien, saldrás mejor la próxima vez" cuando no sacan la nota esperada en la escuela. Es como entregarle una invitación a la iglesia a una persona hambrienta. Es un gesto amable, pero su estómago seguirá rugiendo.

Antes Salomón nos recordó que Dios "sembró la eternidad en el corazón humano…" (Eclesiastés 3:11, NTV). Nuestros corazones bajo el sol tienen gusto por las cosas sobre el sol. ¿Por qué la gente que ya tiene mucho constantemente desea tener aún *más*? Porque los deseos sobre el sol (SES) de nuestros corazones pueden ser satisfechos solamente con cosas sobre el sol. Como C. S. Lewis famosamente dijo: "Si encuentro en mí mismo un deseo que ninguna experiencia en este mundo pueda satisfacer, la explicación más probable es que fui hecho para otro mundo."[25]

La única manifestación sana de nuestro insaciable deseo de más es desear más de Dios. Cuando desarrollamos este deseo de manera correcta, cuando buscamos cosas SES para satisfacer nuestras necesidades SES, al final también encontramos contentamiento en todas las cosas BES.

Cuando la gente estropea todas sus relaciones interpersonales u olvida a quienes le quieren para alcanzar cosas BES como promociones laborales, estatus o dinero, lo hace frecuentemente para satisfacer sus deseos SES de aprobación. La solución no está en alcanzar mayores logros o reconocimiento, sino en alcanzar más de Dios.

Cuando las personas exprimen las tarjetas de crédito para comprar cosas que no pueden costearse para poder proyectar una imagen que no pueden mantener, están tratando de comprar el regalo SES de aceptación con cosas BES. No necesitan una nueva imagen, necesitan más de Dios.

Cuando la gente amontona dinero en cuentas de ahorros y compra una decena de pólizas de seguro diferentes, tiene a su médico en marcado rápido en el teléfono, y vuelve locos a todos los demás por su preocupación excesiva, está tratando de comprar el regalo de seguridad SES con cosas BES. No necesitan ser más vigilantes; necesitan más de Dios.

No existe nada inherentemente malo en trabajar duro y alcanzar metas. Tener buenas cosas y cuidar de ellas no es pecado. Desear lo mejor para quienes ama y trabajar duro para protegerlos son cosas buenas. Pero todas estas cosas BES se hacen en vano cuando ignoramos nuestros deseos SES y a nuestro Dios SES.

Salomón fue muy exitoso al levantar su propio reino. De hecho, describió algunos de sus esfuerzos de edificación antes en Eclesiastés. Varios comentaristas han señalado que el rey se refiere a sí mismo en más de diez ocasiones al describir sus logros usando palabras como: "edificándome", "construí", "compré", sin una sola mención a Dios (2:4-10). Aunque él tuvo una relación cercana con Dios de joven y fue el rey escogido por Dios para su pueblo, cuando llegó el momento de construir un reino, Salomón lo hizo por sí mismo y a su propio gusto. A medida que se concentraba en hacer y tener más, le quedaba cada vez menos.

Nosotros no tenemos los recursos de Salomón, pero si tomamos lo que tenemos y lo dirigimos a servir al Reino del Yo en lugar del Reino de Dios, acabamos en el mismo lugar. Cuando usted levanta su propio reino, la maldición del querer más se activa. Se vuelve un gato obeso con cada vez menos opciones, menos movilidad y todavía menos contentamiento. Se vuelve cada vez menos hasta que llega un momento en el que siente que no posee absolutamente nada. No tiene por qué ser así. Cuando construimos el reino de Dios, cuando buscamos su amistad y valoramos cada día, dirigiendo todos nuestros recursos al servicio de su reino, nuestras debilidades se vuelven fortalezas y lo poco que tenemos se vuelve más. Exponencialmente más.

El crecimiento de este reino conduce siempre a más. Y este aumento es el que lleva al contentamiento, porque a medida que encontramos propósito, identidad y recursos en Dios, nos encontramos bendecidos con aquello que Salomón buscaba tan desesperadamente en medio de toda su riqueza y sus logros: la capacidad de disfrutarlos.

No necesitamos tener más cosas o más logros, necesitamos más de Dios. Cuando le buscamos a Él e invertimos nuestros recursos edificando su reino con su poder, encontramos que Dios dice un sincero "¡Sí!" a nuestro contentamiento.

APRENDER A TENER CONTENTAMIENTO

Vemos este tipo de contentamiento divino en el apóstol Pablo, quien dijo: "he aprendido a estar contento con lo que tengo" (Filipenses 4:11, NTV). Esto no sucedió porque sí; él no había nacido con la capacidad de estar contento, tuvo que *aprenderlo*. El contentamiento no es una habilidad mágica que nos caiga del cielo, es algo que experimentamos a medida que crecemos y maduramos en nuestro conocimiento de Dios y en nuestra práctica de la fe.

Pablo nos dice que vivir con contentamiento es un secreto o misterio: "Sé vivir con casi nada o con todo lo necesario. He aprendido el secreto de vivir en cualquier situación, sea con el estómago lleno o vacío, con mucho o con poco" (Filipenses 4:12, NTV).

La frase "he aprendido" podría ser traducida literalmente como "he sido iniciado", y nos señala un tipo de conocimiento que era previamente desconocido pero que ahora ha sido revelado. La gente en todas partes busca contentamiento, tanto hoy como en los días de Pablo. Ser iniciado en el arte de vivir con contentamiento es un arte que requiere esfuerzo, disciplina y ser conscientes de quiénes somos y a quién pertenecemos. Es increíble lo mucho que pueden cambiar en nuestras vidas cuando intencionalmente aprendemos a vivir con contentamiento.

Pablo continua revelando dónde se encuentra el secreto del contentamiento para el cristiano: "Pues todo lo puedo hacer por medio de Cristo, quien me da las fuerzas" (Filipenses 4:13, NTV). Pudiéramos entender este versículo como si fuésemos jugadores de fútbol o boxeadores profesionales. Pero nótese que el contexto de este versículo no son los deportes ni los premios, sino el contentamiento y, específicamente, el contentamiento en medio de las dificultades económicas. ¿Ha pensado alguna vez en cómo se aplica este versículo a su cuenta bancaria? ¿A su tarjeta de crédito? Sin importar como estén sus estados de cuenta, usted puede hacerlo todo por medio de Cristo. Pablo aprendió a descansar en lo que Dios provee o no provee, a confiar en Él en momentos de carencia y a darse cuenta también de que esto es una bendición de Dios.

El contentamiento no viene desde afuera hacia adentro, sino de adentro hacia afuera. Es un asunto principalmente del corazón. Algunas personas parecen contentas por fuera, pero por dentro sus mentes están llenas de agitación. *El contentamiento es una quietud de la mente ante Dios.* Nos sometemos a su obra y a su soberanía en nuestras vidas. Esto no implica que no compartamos nuestras frustraciones con Dios o con los amigos, pero somos cuidadosos en no cruzar la línea y ser quejumbrosos contra Dios lloriqueando por nuestra situación. La soportamos bajo su gracia y lo hacemos libremente. No es que estemos obligados a estar contentos, sino que voluntariamente nos sometemos a Dios y nos mantenemos *libremente contentos* incluso en medio de las pruebas. Nos gozamos en que Él haga su voluntad e intervenga en nuestras vidas. Confiamos en Él en todo, incluso cuando no entendemos lo que hace.

Para revelar el misterio del contentamiento, recurrí a una de mis fuentes favoritas: *The Rare Jewel of Christian Contentment* [La joya extraña del contentamiento cristiano], un devocional clásico del pastor del siglo XVII Jeremías Burroughs, en el cual comparte algunas verdades interesantes. El cristiano "es el hombre más contento en el mundo", nos dice, "y al mismo tiempo es también el más insatisfecho del mundo."[26] Lo que quiere decir es que tenemos contentamiento en Dios y lo que Él provee, pero nunca estamos satisfechos con nada menos que Dios. Disfrutamos lo que Dios nos da, pero nuestro contentamiento supremo es en Dios mismo. Nos sentimos agradecidos por la salud, la paz, las relaciones y el trabajo, pero nunca tenemos suficiente. *Debemos* tener al Dios de nuestra salud, paz, relaciones y trabajo, o jamás estaremos satisfechos.

Llegamos a obtener "contentamiento, no al añadir más cosas", afirma Burroughs, "sino al restarlas."[27] En nuestra cultura, la manera de alcanzar contentamiento es añadir cosas a nuestras posesiones o circunstancias, pero para el cristiano es posible disminuir o restar nuestros deseos para adaptar nuestras posesiones. Sin importar cuál sea nuestra condición, damos gracias a Dios y confiamos en que Él está obrando para que suceda lo mejor en nuestras vidas. Lo que tenemos proviene de las mismísimas manos de Dios, así que ¿quiénes somos nosotros para pedir más e ignorar lo que Dios hace en nosotros?

El creyente llega al "contentamiento, no al deshacerse de las cargas que pesan sobre él", dice Burroughs, sino "añadiendo otra carga sobre él."[28] En lugar de gastar todos nuestros esfuerzos lamentando la aflicción por la que estamos pasando, deberíamos sentir más la carga de nuestro egoísmo y pecado. Al humillarnos delante de Dios y ver su gracia y misericordia, experimentamos el gozo del perdón y una relación con Dios. Recordamos que si en verdad recibiéramos lo que en verdad merecemos en la vida, terminaríamos arruinados y perdidos.

Después de todo, la Biblia enseña que lo que en realidad merecemos por nuestros pecados es el infierno y que Dios es lo suficientemente bueno como para proveer una alternativa. Así que nos volvemos "pobres en espíritu", como Jesús nos recuerda (Mateo 5:3). Recordamos los pecados que nos separan de Dios y nos enfocamos más en vivir cada día en su amor que en lo que no tenemos. Esto lleva nuestro pensamiento hacia Dios y el milagro diario de su gracia.

Burroughs nos recuerda que podemos llegar a este contentamiento "no provocando las circunstancias que deseamos, sino trabajando en medio de las circunstancias."[29] Nos ocupamos de hacer el trabajo que Dios nos llamó a hacer, en la situación en la cual nos encontramos. Con seguridad tal vez no habríamos elegido tales circunstancias, pero podemos servir a Dios en medio de ellas y hallar contentamiento allí.

En nuestra cultura, con frecuencia luchamos esforzadamente cuando algo nos es arrebatado, como dinero o una carrera profesional, como si no pudiéramos llegar a ser felices hasta que recuperemos el dinero o nuestra carrera. Pero aprender contentamiento implica aceptar nuestras circunstancias como venidas de Dios y luchar por servirle a Él fielmente sin importar la situación. Burroughs dice que el creyente "disfruta mucho de Dios en todo lo que tiene, y sabe cómo satisfacer todas sus necesidades en Dios mismo."[30] Este es el largo viaje de aprender el arte del contentamiento.

Capítulo ocho

Sí a la sabiduría

Si valoras la sabiduría, ella te engrandecerá. Abrázala, y te honrará.

—*Proverbios 4:8,* NTV

Hace años se dijo que había aparecido un misterioso artefacto en ruinas en una autopista de Arizona. Los chamuscados fragmentos metálicos parecían los de un aeroplano estrellado, pero también incluían partes conocidas de autos: neumáticos, parachoques, capó, parabrisas. Les tomó cierto tiempo a los investigadores poder reconstruir lo que sucedió.

Un sargento de la Fuerza Aérea se hizo con una unidad de Despegue Asistido por Cohetes (JATO en inglés) y decidió satisfacer su vena inventiva sujetándolo a su viejo Chevy Impala de 1967. Este tipo de unidades son sólidos cohetes de combustible que se utilizan para dar un impulso extra en el despegue a aviones militares de transporte pesado en aeródromos pequeños. Por lo tanto, cuando el sargento encendió la unidad JATO, ¡su auto Chevy alcanzó rápidamente la velocidad de 400 kilómetros por hora!

Su Chevy viajó poco más de 4 kilómetros en quince segundos, momento en el cual el aspirante a inventor pisó los frenos, fundiendo y reventando los neumáticos completamente. Luego el Impala *abandonó* el suelo y avanzó otros 2 kilómetros, yendo a dar a un acantilado a 38 metros de altura por encima de la carretera, dejando un cráter de casi un metro de profundidad en la roca. Un viaje excitante, pero no la manera en que nadie quisiera abandonar esta tierra.

La historia fue tan horrible y al mismo tiempo tan divertida, que fue un ejemplo perfecto de la estupidez absoluta, dando origen a un premio sarcástico en el Internet conocido como los Premios Darwin. La misión de este "reconocimiento" es "elogiar el mejoramiento del genoma humano rindiendo homenaje a quienes accidentalmente se excluyen de él."

Desde 1995, los Premios Darwin oficialmente han recogido, verificado y evaluado las maneras más estúpidas en que personas involuntariamente han terminado con sus vidas. La gran ironía de los Premios Darwin es que la historia que le dio inicio resultó ser falsa. El auto JATO es un mito urbano, desacreditado por la Patrulla de Carreteras de Arizona y desmentido por los chicos del programa *Mythbusters.* Nadie fue lo suficientemente estúpido como para morir en un auto volador que vaya a 400 kilómetros por hora, pero aun así existe bastante estupidez en el mundo como para mantener el Premio en ejercicio hasta la fecha. En total, este sitio web ha otorgado un total de casi cuatrocientos premios.

La estupidez abunda por todas partes. La sabiduría es más difícil de encontrar. No necesito ser uno de los jueces de los Premios Darwin para darme cuenta de lo estúpida que puede ser la gente.

Basta con mirar mi propia vida. Aunque espero no ganar jamás un premio Darwin, debo admitir que he tenido que pagar la novatada más de una vez.

En la preparatoria tuve problemas con Algebra I, pero en lugar de trabajar duro para aprender el material, decidí tomar un atajo. Nuestro profesor estaba algo avanzado en años y se estaba volviendo un poco senil. Con frecuencia dejaba su cuaderno de evaluaciones abierto sobre su mesa cuando necesitaba salir del salón. Un día casi al final del semestre me acerqué, miré mi nombre y me di cuenta de que no había ninguna nota anotada porque yo no había entregado ninguna tarea. Entonces tomé un lápiz y escribí un Sobresaliente en cada espacio en blanco. El truco funcionó bien hasta que intenté hacer lo mismo en Algebra II, suspendí y tuve que pasar todo el verano en clases de recuperación mientras que el resto del mundo se divertía.

O aquella vez cuando impulsivamente compré una camioneta pickup de segunda mano con casi ningún dinero como entrada y al 17 por ciento de interés. Me costó mucho cumplir con los pagos, pero valió la pena considerando lo que aprendí sobre las deudas y la impulsividad.

Podría continuar con los ejemplos, pero todos sabemos cómo se siente meter la pata. ¿No sería maravilloso disponer de algo que hubiera sido probado y demostrado por miles de años, que fuera inspirado por Dios mismo y que nos diera los principios para evitar muchos de este tipo de errores en la vida? Felizmente, la Biblia está llena de sabiduría, tanto en el libro de Proverbios como en el de Eclesiastés. Lo único que necesitamos es ser lo suficientemente sabios como para utilizarla. Decir sí a Dios significa decir sí a vivir con su sabiduría.

NO SEA IDIOTA

Salomón fue considerado el hombre más sobrenaturalmente sabio y entendido que jamás haya vivido. Un rey que era consultado por gobernantes de todo el mundo, daba consejo regularmente a cambio de riquezas. Él escribió la mayor parte del libro de Proverbios, proveyendo sabiduría en sencillas coplas rimadas en las que comparaba una cosa con otra, algo sabio con algo tonto. En los capítulos iniciales de Eclesiastés, Salomón no parece este erudito lleno de sabiduría. Sin embargo, en el capítulo 7, el maestro de sabiduría de todos los tiempos finalmente emerge, presentando verdades como el rey sabio que se sabía que era.

Él ofrece algunos consejos ultra refinados y súper concentrados sobre cómo obtener lo mejor de la vida. Habla de la importancia del carácter, el valor perfeccionador de la tristeza, y el poder de nuestra propia mortalidad para enfocar nuestra atención en lo que más importa. Él alienta a la gente a terminar lo que iniciaron, a controlar su temperamento, y a no languidecer añorando el pasado. Salomón le recuerda a la gente que el dinero es poderoso, que Dios está en control y que nada es seguro.

En varias ocasiones se le menciona intentando alcanzar la sabiduría en su búsqueda de importancia, pero era lo mejor del pensamiento humano "bajo el sol." Él ya había afirmado años atrás que esto sería un completo fracaso porque la verdadera sabiduría comienza con Dios. "El comienzo de la sabiduría es el temor del

Señor; conocer al Santo es tener discernimiento" (Proverbios 9:10, NVI). Este temor no significa andar por ahí llenos de terror, arrastrándonos cada vez que pensemos en Dios. Significa simplemente que reverenciamos y respetamos a Dios y sus leyes. El aspecto base de la sabiduría, cuando una vida de sabiduría verdaderamente comienza, no es con un título universitario sino con fe y respeto hacia el Dios que nos creó.

Los proverbios de Salomón en Eclesiastés son similares al resto de la sabiduría que nos comparte: sencillos de ver, fáciles de comprender y muy difíciles de ejecutar. Esta mezcla de absorción y aplicación, de asimilar y actuar según la sabiduría recibida de otros, es crucial para una vida satisfactoria. De hecho, la palabra "idiota" viene de la palabra griega *idios*, que no significa "estúpido" o "ignorante" sino simplemente "de uno mismo." Sería algo así como un comerciante que nunca aprendió la manera correcta de hacer su trabajo, alguien que comenzó a trabajar sin recibir ningún tipo de entrenamiento en su oficio. Esta persona trabaja por sí sola y se califica como un *idios*. En contraste, la sabiduría es como un maestro artesano que está junto a nosotros enseñándonos lecciones para edificar una vida solida.

"La sabiduría es lo primero. ¡Adquiere sabiduría!" se nos dice en Proverbios. "Por sobre todas las cosas, adquiere discernimiento" (4:7, NVI). La mayoría de nosotros aprendemos a las malas que la verdadera sabiduría no debe ser confundida con conocimiento o con el nivel de inteligencia. Vivir sabiamente tiene poco que ver con el cociente intelectual, los exámenes de ingreso en la universidad o los títulos universitarios. La sabiduría, como aparece definida en la

Biblia, se centra en aprender cómo vivir en lugar de lo mucho que sepamos. Usted puede tener un doctorado y no ser una persona sabia de acuerdo con los estándares bíblicos. O puede ser alguien que no terminó la escuela secundaria y llegar a ser muy sabio.

El historiador y periodista Paul Johnson señala la diferencia en su libro *Intellectuals*. Él examina las decisiones morales que muchos de los pensadores más importantes de los tiempos modernos tomaron en sus vidas. Desde Jean Jacques Rousseau hasta el filósofo Jean Paul Sartre, Ernest Hemingway, Leo Tolstoy, Karl Marx y Bertrand Russell. En un capítulo tras otro hace una crónica de sus errores, su arrogancia y su inestabilidad. Ellos son prueba viviente de que inteligencia y sabiduría no son la misma cosa.

Rousseau, quien ejerció gran influencia con sus escritos sobre la teoría moderna de la educación infantil y que todavía hoy moldea la cultura, *abandonó* a cinco de sus hijos en un orfanato. Ninguno de sus hijos recibió siquiera un nombre, simplemente fueron dejados al pie de las escaleras, esencialmente para que la madre de los niños pudiera cuidar de Rousseau sin nada que la distrajera. Si tomamos en cuenta la tasa de supervivencia de los niños en estas instituciones, lo más probable es que la mayoría de ellos murieran.[31] La única mujer que él dijo haber amado en realidad, Sophie d'Houdetot, dijo sobre él años después de su muerte: "Él era lo suficientemente feo como para asustarme y el amor no lo hizo más atractivo. Pero fue una patética figura y lo traté con amabilidad y gentileza. Fue un loco interesante."[32]

Karl Marx, el filósofo revolucionario detrás del comunismo y el socialismo y quien ha dado forma a las ideas de figuras políticas alrededor del mundo, no tenía la más mínima intención de trabajar, no sabía manejar dinero y estaba lleno de ira y amargura. Paul Johnson sugiere que toda su visión de una estructura económica comunista pudo tener que ver principalmente con su incapacidad para manejar dinero. Pero lo más perturbador es la sugerencia de que a pesar de todos sus escritos sobre la clase trabajadora, él en realidad nunca conoció bien a nadie de la clase trabajadora, excluyendo a la sirvienta de su familia. Marx jamás pagó un centavo a su sirvienta, excepto por darle habitación y comida, a pesar de todos sus escritos sobre un pago justo. Lo que sí hizo, sin embargo, fue procrear un hijo ilegítimo con ella, a quien se negó a reconocer como propio y al que solo conoció formalmente una vez, aunque el joven no sabía en ese momento que Marx era su padre.

Jean Paul Sartre, quien popularizó el existencialismo y la idea de que todo en la vida se reduce a la libertad personal y la capacidad de elección, fue adoptado como líder espiritual por cientos de miles de personas, si no millones, en el último siglo. Aunque fue con frecuencia revolucionario en sus ideas y escritos, no participó mucho en política excepto por sus obras escritas. Durante la Segunda Guerra Mundial hizo muy poco por la Resistencia y nada por salvar o proteger a los judíos. Él centró su atención en promover su carrera escribiendo obras de teatro, novelas y tratados de filosofía.[33] Fue infiel a su pareja, Simone de Beauvoir, y con frecuencia tuvo una o más amantes en su vida. Veía a las mujeres como mercancías que poseer y conquistar.

No hay duda alguna de que estos individuos fueron pensadores y escritores brillantes, pero según los estándares bíblicos fueron muy estúpidos. No vivieron con sabiduría. Como Paul Johnson lo resumió: "Una de las lecciones principales de nuestro trágico siglo, en el que hemos visto millones de vidas inocentes sacrificadas en planes para mejorar a la humanidad, es tener cuidado con los intelectuales. No solo hay que mantenerlos alejados del poder, sino también deben ser especial objeto de sospecha cuando buscan ofrecer consejo colectivo."[34]

La sabiduría no tiene que ver con la cantidad de conocimiento, sino con saber cómo vivir. La sabiduría bíblica nos ayuda a entender el significado de la vida y cómo funciona. Estos principios son aplicables a todas las personas y reflejan la sabiduría eterna sobre Dios, la naturaleza humana, las relaciones interpersonales, y mucho más. Los proverbios no son promesas o una fórmula mágica, sino una síntesis de la verdad que puede mostrarnos la sabiduría de Dios en los detalles diarios de la vida.

LA VOZ DE LA SABIDURÍA

¿Ha notado la cantidad de comerciales de televisión que tienen a mujeres atractivas vendiendo sus productos? Quizá exista un precedente para este asunto que no tiene nada que ver con el atractivo sexual. En Proverbios, Salomón describe la sabiduría como una mujer que levanta la voz en público para compartir la verdad con aquellos que la rodean. "¡Escuchen cuando la Sabiduría llama! ¡Oigan cuando el entendimiento alza su voz! La Sabiduría toma su puesto en las encrucijadas, en la cumbre de la colina, junto al camino. Junto a las puertas de entrada a la ciudad, en el camino de ingreso, grita con fuerza: '¡A ustedes los llamo, a todos ustedes! Levanto mi voz a toda persona. Ustedes, ingenuos, usen el buen juicio. Ustedes, necios, muestren un poco de entendimiento. ¡Escúchenme! Tengo cosas importantes que decirles'" (Proverbios 8:1-6, NTV).

Esto es muy distinto a la típica personificación de la sabiduría como un gurú silencioso o un ermitaño antiguo transmitiendo su sabiduría desde una cima lejana. La sabiduría descrita en Proverbios 8 es ruidosa. Ella grita y levanta la voz, deseosa de ser escuchada. La sabiduría es también prominente y se sitúa en lugares notorios. Le grita a la gente en los lugares en los que se encuentra más frecuentemente. La sabiduría tiene la razón sin ser arrogante o exageradamente santurrona. La palabra más comúnmente usada para "sabiduría" en el idioma original de las Escrituras no significa simplemente "correcto." Conlleva la idea de un "acuerdo pacífico." La sabiduría es tan cierta, tan correcta, que organiza sus pensamiento desordenados en un orden pacífico. Dios no es un Dios de confusión, sino de orden y mente clara.

Por último, la sabiduría es clara. No es difícil de entender y no habla en acertijos. Lo único que trata de comunicar es la verdad que tan desesperadamente necesitamos escuchar y ejercitar en nuestras vidas. Como cualquier buen vendedor, no solamente incluye los beneficios de la sabiduría sino también qué necesitamos hacer para conseguirla. No solo nos dice lo que tiene para ofrecernos, como riquezas, éxito, sentido común, discernimiento, sino también llama enfáticamente a la gente a ejecutar cuatro acciones para liberar el poder de la sabiduría en sus vidas: buscar, escuchar, escoger y seguir.

Buscar la sabiduría es sencillo. Es fácil de encontrar si estamos dispuestos a buscarla y recibirla. En la descripción de Salomón, la sabiduría promete ser hallada por todos aquellos que la busquen. Santiago menciona también la disponibilidad absoluta de la sabiduría, siempre dada a quienes la buscan (véase Santiago 1:5).

El problema comienza en las fases de escuchar, escoger y seguir. En Proverbios 8, la sabiduría le ruega a la gente cuatro veces que la escuchen, como un padre intentando que sus distraídos y reacios hijos hagan sus deberes escolares. ¡Tiene que gritar prácticamente hasta quedarse sin aire!

Escoger y seguir la sabiduría son asuntos aún más difíciles. Por lo menos lo son para mí. No me cuesta encontrar la sabiduría, lo que me cuesta es seguirla. Me siento demasiado cómodo siendo un idiota bíblico, encerrado en mi propio mundo, haciendo las cosas a mi manera e ignorando los consejos correctores de vida de la sabiduría.

Sé que ciertos alimentos son malos para mí, pero aun así los como. Sé que debería leer algún libro esclarecedor, pero es mucho más sencillo ver programas huecos de televisión. Sé que debería esperar y calmarme antes de pulsar el botón de enviar, pero en lugar de ello no dudo en bombardear a alguien que me haya hecho enojar. La sabiduría no es lo que escasea, sino mis ganas de obedecerla. La sabiduría no puede guiarnos si las emociones toman control de nuestros corazones, y Salomón era muy consciente de este hecho tan común.

AQUÍ VIENE EL SOBORNO

La sabiduría, desde la perspectiva bíblica, ofrece mucho más entendimiento sobre cómo vivir que nuestros más respetados líderes y admiradas celebridades. Me di cuenta de esto especialmente cuando me encontré con un popular libro titulado, de entre todas las cosas, *Sabiduría.* El escritor y fotógrafo Andrew Zuckerman viajó alrededor del mundo y realizó más de cincuenta entrevistas a personas mayores de sesenta y cinco años, entre las cuales estaban algunas de las más consumadas y renombradas figuras de la política, las artes, la música, la cinematografía, la literatura, los deportes y la actuación.

Desde Clint Eastwood hasta Nelson Mandela, Vanessa Redgrave y Yoko Ono, les hizo preguntas sobre el trabajo, el amor, los conflictos y el medio ambiente. El verdadero propósito de Zuckerman, sin embargo, lo que él verdaderamente quería encontrar, no eran respuestas a los problemas comunes. Lo que estaba buscando era sabiduría.

El resultado fue su libro *Sabiduría*, el cual llegó a las librerías con la clase de elogios y cobertura de los medios que pudiera esperarse para un proyecto tan renombrado y alabado. El público estaba entusiasmado ante la maravillosa oportunidad de absorber la experiencia de vida concentrada y filtrada de estas personalidades tan exitosas y experimentadas.

A medida que leía el libro, sin embargo, no tardé mucho en fatigarme. Aunque tenía muchas historias fascinantes, epifanías personales y observaciones cotidianas, parecía extrañamente escueto en sabiduría. De hecho, tuve la sensación de que muchas de las personas entrevistadas no se sentían cómodas siendo consideradas recipientes de sabiduría. Varios tuvieron inclusive problemas para definir lo que es sabiduría, y con frecuencia divagaban hablando de cosas que simplemente eran factuales o interesantes. Lo más preocupante de todo era el número de palabras que había en cada página.

La sabiduría por lo general no es tan verbosa, ni tiene tantos vericuetos, contradicciones y finales abruptos, como muchas de sus afirmaciones parecían tener.

De hecho, Salomón imparte más sabiduría en unos pocos versículos que este libro entero de entrevistas a celebridades. Cada uno de sus razonamientos es directo y conciso, y resuena de manera obvia y profunda. Por ejemplo, justo a la mitad de los catorce versículos de proverbios sobre la sabiduría, Salomón escribe: "La extorsión vuelve necio al sabio, y el soborno corrompe el corazón" (Eclesiastés 7:7, NTV). Ahora bien, tengo tendencia a saltarme los versículos sobre el soborno porque me imagino a algún sórdido oficial del gobierno escondiendo un manojo de billetes dentro de su chaqueta mientras hace una mueca malvada y sonríe maliciosamente. Nunca he recibido un soborno ni he extorsionado a nadie. Tengo la idea de que versículos como este solo se aplican a líderes del gobierno y gente en el poder, recordándoles las trampas que esconde el abuso de su autoridad.

Luego comencé a pensar en lo que es un soborno. Es una situación en la que alguien con poder de decisión decide beneficiarse a sí mismo en lugar de a la gente o el propósito al cual sirve. Elige recibir un beneficio inmediato (dinero, privilegio, endeudamiento) en lugar de hacer lo que es correcto. No solo compromete el carácter de dicha persona, sino además le transforma en un necio. Estoy convencido de que siempre que la sabiduría llama a la acción, podemos esperar que haya un soborno no muy lejos tentándonos a hacer concesiones. Así es como podemos estar rodeados por la sabiduría que es tan fácil de encontrar y entender pero aun así sentirnos perdidos.

Oímos la voz de la sabiduría, pero llega algo y nos soborna, ofreciendo un beneficio inmediato que finalmente nos convierte en necios. Nuestros deseos actúan como extorsionistas, ignorando la sabiduría para obtener lo que queremos.

Demasiadas personas casadas han aceptado un soborno de autoestima o gratificación sexual, envolviéndose sensualmente con alguien que no es su cónyuge, lo que luego les hace perder todo lo que en realidad más valoran. Nos preguntamos: ¿Cómo pudo haber sido tan estúpido? ¿Por qué dejó perder todo lo que tenía? Los sobornos corrompen el corazón.

O consideremos a la persona que ignora a su familia, sus relaciones, e incluso su propia salud para concentrarse en una carrera que nunca le podrá amar recíprocamente o podrá darle satisfacción duradera. Terminan solos, vacíos y arruinados. ¿Cómo a alguien tan brillante y exitoso puede irle bien en los negocios, pero ser un fracasado en lo que es trascendente? La extorsión hace que alguien que podría ser muy sabio sea un completo necio. Lo único que escuchamos es el grito desesperado del quebrantamiento: "Debes tener éxito cueste lo que te cueste", completamente incapaz de escuchar el llamado de la sabiduría: "¿Qué es el éxito verdadero? ¿De qué te sirve ganar el mundo si pierdes tu alma?"

Es el estudiante que sabe lo destructivas que son las drogas y el tipo de personas que habrá en la fiesta, pero aun así decide ir allí. Ignora la sabiduría y acepta el soborno de sentirse popular. La voz de la extorsión de la aceptación hace imposible percibir la profundidad de la sabiduría bíblica cuando dice: "las buenas compañías corrompen el buen carácter" (1 Corintios 15:33, NTV).

Salomón no se está refiriendo a un montón de burócratas cuando advierte sobre el poder del soborno y la extorsión para destruir a la sabiduría. Él se refería a todos nosotros. ¿Desea ser sabio? Busque, escuche, elija y siga. ¿Quiere seguir siendo sabio? Rechace los sobornos. No extorsione. No permita que sus emociones y deseos interrumpan el poder de la sabiduría en su vida. No permita que un beneficio temporal o un deseo ardiente altere el orden pacífico que produce la sabiduría.

VUÉLVASE SABIO

El salmista escribe: "Felices son los íntegros, los que siguen las enseñanzas del Señor. Felices son los que obedecen sus leyes y lo buscan con todo el corazón" (Salmo 119:1-2, NTV). Cuando andamos en los caminos de Dios y seguimos sus instrucciones, el resultado es gozo más allá de toda medida. Si desea ser sabio, apóyese en estas recomendaciones y advertencias que encontramos en las experiencias de Salomón.

Viva honorablemente

Salomón dice: "Vale más una buena reputación que un perfume costoso" (Eclesiastés 7:1a, NTV). El perfume era muy costos en la antigüedad, pero Salomón señala el valor aún mayor de una buena reputación. La reputación personal es el resultado, a la larga, del carácter personal. Su gran personalidad y maravilloso atractivo físico pueden finalmente ayudarle a contraer matrimonio, pero serán su carácter e integridad los que le mantendrán casado. Sus dones y habilidades podrán abrirle puertas en su carrera, pero su carácter e integridad serán los que le aseguren a largo plazo el éxito en dicha carrera. Dios puede darle el regalo de los hijos, pero serán su carácter e integridad los que determinen su habilidad para influenciar y comunicarse con sus hijos.

Su carácter determina qué tan lejos llegará y si se sentirá o no agradado de sí mismo cuando llegue allí. Una persona de carácter maneja las decisiones pequeñas tomando en cuenta el impacto a largo plazo. Como Ralph Waldo Emerson dijo: "La fuerza del carácter es acumulativa." Cada día construimos una vida, una carrera, una reputación, por medio de las decisiones que tomamos. Puede que no siempre sea visible para las demás personas, pero finalmente lo será. Es decir, seamos francos, nadie despierta un día decidiendo de repente abandonar su vida y su carrera por problemas de integridad. No escribimos un día en nuestro diario: "Querido diario, hoy planifico cometer fraude, lo cual eventualmente conducirá al final de mi carrera, una crisis nerviosa y, finalmente, la cárcel." El carácter va cayendo sutilmente y lentamente, mermando con el tiempo en las pequeñas decisiones.

Una manera en que podemos manejar correctamente las pequeñas decisiones es vivir siguiendo un modo básico de operación: absténgase de hacer en privado cualquier cosa que le avergonzaría colocar en Facebook, leer en los titulares de la prensa del día siguiente, o ser recordado por la eternidad en YouTube.

Recuerde el final

Salomón dice: "El que es sabio piensa mucho en la muerte, mientras que el necio solo piensa en divertirse" (Eclesiastés 7:4, NTV).

Confrontar nuestra propia mortalidad es difícil. Preferimos no pensar en ella, decir que solo se vive una vez y seguir adelante, pero la sabiduría nos urge a ser conscientes de nuestra propia mortalidad.

Esta realidad nos lleva a inyectar propósito a cada momento y apreciar cada relación. La gente que es más consciente de su mortalidad tiende más a dedicar su vida a cosas enriquecedoras. La gente necia acepta el soborno de que no hay final, de que no vale la pena pensar en la muerte, y que el propósito de la vida es divertirse hasta morir.

Reciba bien las críticas

Salomón continúa diciendo: "Es mejor ser criticado por un sabio que alabado por un necio" (Eclesiastés 7:5, NTV). En cierta ocasión, un compañero de trabajo sabio y atrevido se me acercó y me confrontó en relación con mi orgullo. Me dijo que ya no escuchaba a la gente que me rodeaba. No estaba tratando sus ideas con respeto. Había dejado de aprender y crecer como persona y mis compañeros de trabajo lo habían notado. Había permitido que el orgullo se colara en mi corazón de manera negativa.

Le respondí a esa persona con madurez, algo así como: "¿Quién te crees que eres para entrar a mi oficina y acusarme de ser arrogante?" Una vez que se asentó el polvo de la explosión de mi ego, me dolió mucho reconocer que esa persona tenía razón. Más tarde le di las gracias a mi compañero de trabajo por tener el valor de llamarme la atención. No me malinterprete. Una persona puede ser segura de sí misma y aplomada. Eso es muy diferente a permitir que el orgullo nos ciegue y no nos permita tratar a los demás con respeto.

A nadie le gusta escuchar que metió la pata. A nadie le gusta saber que tiene muchas cosas que mejorar. Es mucho más agradable, más confortable, seguir suponiendo que estamos bien de la manera que somos. Cuando alguien como un padre, una madre, o un mentor nos sienta para decirnos algunas duras verdades sobre nuestra conducta y carácter, la necedad llega y nos soborna diciendo: "Estás bien, no necesitas escuchar, no tienen ni idea de lo que están hablando." Todos sus amigos necios estarán junto a usted para defenderle, pero lo único que les importa es quién usted es y no quién podría ser. No acepte ese soborno. Sea valiente y persevere. Escoja la sabiduría.

Termine bien

"Vale más terminar algo que empezarlo," dice Salomón y concluye: "Vale más la paciencia que el orgullo" (Eclesiastés 7:8, NTV). Dar el primer paso en la dirección correcta puede ser difícil, pero se gana empuje con cada elección sabia que hacemos. Otros pueden estar yendo en una dirección diferente o animándonos a seguirles y escuchar sus consejos. Pero debemos mantenernos en lo que es verdadero: sobre Dios, sobre nosotros y sobre que Él nos llama a hacer con nuestras vidas.

Sea que reconozcan o no a Dios, las personas más exitosas aprenden el arte de finalizar las cosas bien. Después de la primera actuación del actor Harrison Ford como botones en la película *Dead Heat on a Merry-Go-Round,* un ejecutivo de Columbia Pictures lo llamó a su oficina. "Siéntate, muchacho," le dijo el ejecutivo. Después de unas pocas palabras lo despidió diciendo: "No tienes lo que se necesita, chico, no lo tienes..." Sus películas, sin embargo, han ganado miles de millones de dólares. A final de cuentas, no se trata de cómo comenzamos, sino de cómo terminamos.[35]

Cualquiera puede comenzar algo. Comenzamos una dieta, un plan de ejercicios, un pasatiempo, una planificación; pero se necesita persistencia, trabajo, esfuerzo y disciplina para llevarlo a cabo por completo. Se necesitará paciencia también, porque una regla clave de ser bueno en algo es que primero debemos estar dispuestos a ser malos en ello, ¡por lo general durante bastante tiempo!

Controle su temperamento

"Controla tu carácter", continúa Eclesiastés, "porque el enojo es el distintivo de los necios" (7:9, NTV). Piense en todos los niveles de enojo. En un extremo están los iracundos que se enojan con demasiada facilidad o por las cosas incorrectas, de la manera incorrecta. Son como "el increíble Hulk". Hulk puede perder la compostura por un sinnúmero de cosas terminando verde de pies a cabeza, con la ropa rota y completamente fuera de control.

En el otro extremo tenemos a Ned Flanders, de *Los Simpsons.* Ned Flanders es el padre de una devota familia cristiana que frecuentemente es usado como caricatura de los cristianos. Ned es buena gente, tan buena gente que parece un pelele. Parece inocentón y débil, no es respetado y sus palabras carecen de influencia. Jamás se enoja.

Ned es el opuesto de Hulk, ¡y no es fácil hacerle enojar! La sabiduría dice que debemos controlar nuestra ira, no pretender que no existe. Demasiados Ned en el mundo son pasivos e indiferentes respecto a cosas que en verdad importan. Hay cosas que a todos nos deberían enojar: el pecado, la violación, el asesinato, el racismo, el terrorismo, la pobreza, el abuso infantil, el tráfico de personas, etc. Algunas cosas son simplemente diabólicas. Dios las odia y lo hacen enojar. Cosas como esas deberían hacerle enojar a usted también. Si una persona mira el pecado y no se enoja, algo está mal.

Entre los Hulk y los Ned, encontramos la ira de Jesús, quien representa el corazón y el carácter de Dios. Podemos llamar a este enojo ira justa. La meta no es librarnos por completo de la ira. Lo que aflige a Dios debería afligirnos a nosotros. Lo que enoja a Dios debería enojarnos a nosotros. Debemos tratar la ira de manera saludable, y ser conscientes especialmente de cuando nuestra ira es necia y dañina.

Siempre hay un precio a pagar cuando no tratamos nuestra ira de manera saludable. El psicólogo Raymond Novaco descubrió que la ira reprimida tiene muchas de las mismas consecuencias negativas sobre la salud cardiovascular que la ira manifiesta.[36] Los estudios sugieren que la ira reprimida tiene la capacidad de acortar la vida y afectar a la salud de manera significativa.

Un estudio mostró que mientras más iracundos nos volvamos, más seguros estaremos de nuestros juicios. Cuando estamos enojados, "sabemos" que tenemos la razón. Esto es un fallo potencial enorme en el liderazgo, considerando que las emociones pueden alterar nuestra capacidad de pensar racionalmente. Explote con suficiente frecuencia, de manera suficientemente pública, y sin importar que el 99 por ciento del tiempo usted sea dulce y amable, ese 1 por ciento le definirá ante los demás como un necio intolerable.

No se deje sobornar.

UN CORAZÓN DIVIDIDO

Como hemos visto, incluso Salomón no era inmune al soborno y la extorsión. No sé si alguna vez aceptó dinero a cambio de un cargo en la corte o un contrato con el gobierno, pero sí vendió la sabiduría de Dios a cambio de su propia idiotez. La Biblia lo resume así: "Ahora bien, el rey Salomón amó a muchas mujeres extranjeras... El Señor había instruido claramente a los israelitas cuando les dijo: 'No se casen con ellas, porque les desviarán el corazón hacia sus dioses'. Sin embargo, Salomón se empecinó en amarlas" (1 Reyes 11:1-2, NTV).

Dios había bendecido a Salomón con una sabiduría sobrenatural, lo cual le hizo ser un rey rico y exitoso más allá de cualquier medida. Fue el hijo de un hombre que siguió a Dios con todo su corazón.

Salomón tuvo cada ventaja imaginable, pero el hombre más sabio del mundo fue un completo idiota cuando se trataba de mujeres. En lugar de seguir los mandamientos del Señor y permitir que Dios estableciera su reino, Salomón aceptó el soborno: tendrás satisfacción sexual así como estabilidad política si simplemente ignoras ese detallito sobre la obligación de casarte solo con mujeres israelitas. Quizás pensó en el espíritu de la ley, mujeres extranjeras que le hicieran apartarse de Dios, y se dijo a sí mismo: "¡No hay manera de que eso le suceda al hombre más sabio sobre la faz de la tierra!"

Un versículo después, ya había sucedido. Sus mujeres extranjeras sí apartaron su corazón de Dios: "Y cuando Salomón era ya viejo, sus mujeres inclinaron su corazón tras dioses ajenos, y su corazón no era perfecto con Jehová su Dios, como el corazón de su padre David" (1 Reyes 11:4, NTV).

Salomón tomó lo que quería en lugar de hacer lo que la ley le pedía. El regalo de la sabiduría todavía estaba presente en la vida de Salomón, pero el regalo de una relación con Dios se alejó cada vez más de él. En su vejez, el momento en que escribió las palabras sabias de Eclesiastés, el corazón de Salomón parece estar regresando a Dios después de haber estado dividido entre mil mujeres y sus muchos dioses. Su falta de respeto hacia la ley de Dios hizo que Israel entrara en una guerra civil que resultó en la división del reino.

Todos podemos desviarnos sutilmente hasta este tipo de vida. Todos podemos comenzar a ignorar la sabiduría en beneficio de la necedad, la perspectiva eterna por la gratificación inmediata, y una visión a gran escala por lo que está delante de la vista. Es una elección que debemos hacer cada día, en las pequeñas decisiones y en las grandes. La sabiduría requiere discernimiento, y la mejor manera de discernir lo que es verdad es permanecer conectados con la fuente de la Verdad: Dios.

Capítulo nueve

Sí al cielo

Ir al cielo para disfrutar completamente de Dios es infinitamente mejor que el más agradable de los alojamientos aquí.

—*Jonathan Edwards*

Una caja de cartón marrón, grande y maltratada llegó en el correo. No pensé mucho en lo que podría haber dentro hasta que la abrí y di un vistazo al interior. Inmediatamente, los ojos se me llenaron de lágrimas.

Mis hermanos me habían enviado los últimos objetos de la casa de mi papá que pensaron que yo podía querer tener después de que muriera a comienzos de año. Tuve una muy buena relación con mi papá, y lo respetaba y admiraba por completo. Él fue un mentor para mí y alguien a quien acudía en busca de sabiduría cada vez que lo necesitaba.

Saqué el objeto que estaba más arriba: una miniatura de un casco firmado de fútbol de los Dallas Cowboys que me habían firmado para él. Él era un devoto fanático de los Cowboys. Decía simplemente: "Para Carlos, Michael Irvin." Recuerdo lo emocionado que estaba cuando conocí a Michael Irvin y me firmó el casco, y recuerdo la conversación telefónica que tuve con mi papá cuando recibió el casco.

Los recuerdos me embargaron: ir con mi papá cuando era niño para volar aviones en miniatura a control remoto que a él mismo le gustaba construir; las horas incontables que pasamos remodelando la primera casa que Lori y yo compramos, y las muchas conversaciones y risas. Pensé en su sonrisa. Y entonces no pude evitar llorar. El hecho de que ya no podía simplemente tomar el teléfono para hablar con él, que ya no podía subir a un avión y verle, me llenó de una ola enorme de dolor. Me senté allí por largo tiempo con aquel pequeño casco, y dije entre lágrimas: "Te extraño, papá."

En aquel momento, sin embargo, algo hermoso ocurrió: la esperanza floreció. Pensé en el cielo y en la realidad de que hay algo más después de esta vida. Me sequé las lágrimas, sonreí y continué: "No puedo esperar a verte pronto de nuevo." Estaba afligido, pero como alguien con una esperanza muy real.

DUELO POSITIVO

Perder a alguien que se ama es una de las realidades más duras de la vida. Las emociones golpean en el momento menos esperado. Para mí, puede ser ver a un hombre joven ayudando a su padre a salir del auto en un estacionamiento, escuchar la letra de una canción que de repente parece conmovedora, ver el recordatorio de cumpleaños en mi calendario que nunca borré, o comer algo familiar. En ese momento se desea más que ninguna otra cosa poder recuperar el tiempo perdido, poder ver de nuevo a aquel ser querido, escucharle reír, verle sonreír. Pero no es posible.

La verdad inevitable de la muerte es otra tragedia que encuentra Salomón bajo el sol. Él escribe sobre la naturaleza universal de la muerte y dice: "¡Parece tan mal que todo el mundo bajo el sol tenga el mismo destino! Ya torcida por el mal, la gente elige su propio camino de locura, porque nadie tiene esperanza. Sea como fuere, lo único que hay por delante es la muerte. Hay esperanza solo para los que están vivos. Como se suele decir: '¡Más vale perro vivo que león muerto!'" (Eclesiastés 9:3-4, NTV).

Una vez más, Salomón echa una mirada larga y seria a la vida. El rey ve una variedad de personas, algunos son sabios, honestos, buenos y religiosos, y otros son necios, malvados, malos e impíos. La humanidad es complicada y variada. Está llena de individuos únicos en una gran variedad, que va desde los muy buenos a los muy malos, pero Salomón ve una realidad que los une a todos: cada uno de ellos muere.

De hecho, la palabra hebrea que usa para "tragedia" se traduce normalmente como "mal." El significado primario es la "ausencia de todo lo bueno," pero también puede tener la idea de "sabotear o romper una relación con una persona o principio que es correcto." En otras palabras, la muerte no parece estar bien. Corta algo que no debería ser cortado. La muerte es un proceso "natural" que se siente completamente antinatural. Es mejor ser un perro vivo que un león muerto, concluye Salomón. El león era un animal altamente estimado, y se utilizaba como insignia de la casa real de David, pero los perros eran considerados animales bajos y desagradables. Salomón no ve bien alguno en la muerte. Es el terrible ecualizador: nadie escapa de ella. Es trágico, y la esperanza, como si fuera arena, parece escaparse entre los dedos.

Pero cuando decimos sí a Dios, eso influencia nuestra forma de ver la vida ahora y en el más allá. Tenemos la esperanza del cielo para anhelar, una esperanza verdadera basada en la promesa de la Palabra de Dios. No hay necesidad de que nos desesperemos, ni tenemos que concentrarlo todo en las cosas materiales de este mundo. Tenemos esperanza en Cristo de vivir gozosamente en armonía con Dios por la eternidad.

LAS PROBABILIDADES DE LA ESPERANZA

Los investigadores han descubierto que los seres humanos en general son optimistas. Un estudio reciente en el *Journal of Experimental Psychology* confirmó esta teoría pidiendo a fanáticos del fútbol americano que predijeran el resultado de los próximos juegos. Los participantes recibieron una tabla de margen de puntos para cada equipo y fueron motivados con premios en efectivo para que escogieran a los ganadores. Aunque tenían datos claros sobre qué equipo era el mejor, una tendencia predecible apareció. La gente en el estudio escogió a sus equipos favoritos como ganadores, sin importar nada, incluso cuando estos eran claramente inferiores. En promedio, cuatro de cada cinco personas esperaban que su equipo favorito ganara sin importar las probabiliades.[37]

El optimismo innato se manifiesta en todos los aspectos de la vida, desde las compras hasta las relaciones y la salud. Un manantial de esperanza fluye a través de todas nuestras elecciones, haciéndonos avanzar en la vida. Tendemos a sentir que las cosas nos saldrán bien, sin importar lo que la evidencia actual pudiera revelar.

Esto puede ser una cualidad increíblemente positiva, especialmente cuando luchamos por alcanzar metas importantes. La esperanza nos permite superar los reveses y sufrimientos y esforzarnos hacia el logro de un objetivo. Los psicólogos también señalan que el optimismo puede llevar a resultados negativos, como cuando alguien se niega a ir al doctor porque "todo saldrá bien," o gasta el poco dinero que tiene en un ticket de lotería , porque "sabe que este será el ticket ganador."

Sin importar si el resultado del optimismo es bueno o malo, los estudios confirman lo que la mayoría ya sabe por la experiencia personal: que los humanos estamos programados para la esperanza. Cuando se pierde la esperanza, nuestras vidas se desmoronan, especialmente si no hay una esperanza suprema. Salomón se dio cuenta de esto por sí mismo y notó los resultados: "la gente elige su propio camino de locura, porque nadie tiene esperanza. Sea como fuere, lo único que hay por delante es la muerte. Hay esperanza solo para los que están vivos" (Eclesiastés 9:3-4, NTV).

El concepto hebreo antiguo de la vida después de la muerte era bastante vago. La mayoría de los expertos coinciden en que en los días del rey Salomón la gente creía que los muertos iban a un lugar llamado *Sheol*, que es otra palabra para "la tumba." Aunque sirve como referencia general de la muerte, el Sheol pasó a ser entendido como un lugar real bajo la superficie de la tierra. En cualquier caso, una vez que se llegaba al Sheol se era olvidado en la tierra y ya no era posible regresar a ella.

Así que tenemos aquí a Salomón, dotado sobrenaturalmente con sabiduría. La mayoría de la gente probablemente transita cómodamente por un sinfín de actividades en las alas de su optimismo natural, apenas siquiera pensando en la muerte, pero este no era el caso de Salomón. No podía evitar observar la absoluta futilidad y agonía de vivir en un mundo impío. Si no hay recompensa por llevar una vida justa, si no hay alivio para esta vida dura, ¿para qué ser decente? ¿Para qué nacer, entonces? El único consejo que ofrece es disfrutar de los sencillos placeres de la vida. Si bien la comida, la bebida y las relaciones interpersonales pueden ser fuente abundante de satisfacción, estas cosas son incapaces de proveernos el tipo de esperanza sobre la que podamos construir la eternidad. Como humanos, necesitamos algo más. Necesitamos la seguridad de saber qué vendrá después de que esta vida en la tierra haya terminado.

La ironía es que muchas filosofías modernas evitan el concepto del cielo, considerándolo infantil y dañino. El razonamiento es que la gente que se aferra a la promesa de una vida después de la muerte no aprovecha al máximo su vida en la tierra. Tienen la idea de que la religión es una muleta que solo hace a los seres humanos ser débiles y dependientes de algo intangible y posiblemente inexistente. Esta es la base también de escuelas de pensamiento como el humanismo, que animan a las personas a ser responsables de sus propias vidas y disfrutar cada momento a medida que hacen lo que quieran hacer.

Esto puede llegar incluso al hedonismo, en el cual se enfatiza "hacer lo que te guste" y disfrutar de todos los placeres sensuales de esta vida puesto que es lo único que tenemos. En el otro extremo, el existencialismo anima a la gente a asumir el hecho de que esta vida es todo lo que tenemos y debemos ser responsables de cada elección. Si bien algunos encuentran este tipo de carga liberadora, a muchos otros este pensamiento les parece desalentador y deprimente.

Los pensadores seculares han afirmado por décadas que la falsa promesa del cielo hace que las personas sean malos ciudadanos en la tierra. Puesto que en la vida después de la muerte les esperan recompensas, los creyentes no se esfuerzan por hacer que este mundo sea mejor. Es un sentimiento que encontramos en la canción de John Lennon, "Imagine." La canción es increíblemente emotiva. Se puede sentir el anhelo por un mundo mejor, más iluminado. En Eclesiastés 9, Salomón dice en esencia: "No lo tengo que imaginar, ¡lo estoy viviendo! Vivo rodeado de personas que solo viven el presente, enfrentados con la realidad de que la muerte es el final. ¡Es un desastre! Nada tiene sentido. Nada parece tener valor. ¡No tenemos esperanza!"

DISEÑADOS PARA MÁS

Anteriormente en Eclesiastés, Salomón afirma que Dios ha puesto la eternidad en el corazón humano (3:11). Los humanos estamos programados para la esperanza, y la única esperanza suficientemente fuerte es la esperanza del cielo. Por eso las buenas nuevas del evangelio son verdaderamente buenas nuevas. Gracias a la vida, muerte y resurrección de Cristo, ya no tenemos que vivir vidas privadas de esperanza.

Lo que es un problema imposible de superar para el hombre más sabio que jamás haya existido sobre la tierra, es una verdad sencilla para los seguidores de Jesucristo hoy día. La eternidad para la cual nuestros corazones fueron diseñados ha sido prometida y está disponible para los creyentes en Jesucristo.

La mayoría de las persona parecen creer en el cielo. Un sondeo Gallup de 2007 confirmó que el 81 por ciento de los estadounidenses cree en el cielo (y como prueba adicional de optimismo natural, solo el 69 por ciento dijo creer en el infierno).[38] La esperanza nacida en Belén, asegurada en la cruz, anunciada por los apóstoles, registrada en la Biblia y declarada por la iglesia, ahora es conocida por miles de millones alrededor del mundo. La esperanza faltante que hizo que la gente en tiempos de Salomón viviera "su propio camino de locura" y no procurara ser mejor, ha llegado y está disponible para todos los que la busquen.

Sería lógico, entonces, que el 81 por ciento de nosotros viviera para el futuro, en lugar de para el hoy. Sin embargo, un rápido vistazo alrededor nos revela que este no es el caso. Parece que todavía hay mucha gente escogiendo su propio camino de locura, sin preocuparse mucho de lo que hace, y mucho menos de intentar vivir para el bien. Lo cual nos trae la siguiente pregunta: ¿En dónde está la brecha? ¿Por qué no hay más gente viviendo como si tener la esperanza de la eternidad fuera como haber ganado el premio mayor de la lotería?

Pareciera que nos agrada mucho más vivir para el momento. Quizá haya escuchado hablar de Mirlanda Williams, una mujer que afirmó tener un ticket ganador de más de 100 millones de dólares. Vivió como una reina durante diez días diciendo a todo el mundo que ella había ganado. El único problema era que ella en realidad no tenía el ticket ganador.

Mirlanda se dejó llevar por la emoción y las posibilidades. Por lo menos, había comprado un ticket. Había invertido su dinero. La mayoría del 81 por ciento de nosotros que creemos en el cielo no vivimos como si hubiéramos invertido en él. No vivimos con la exuberancia, la esperanza y la ligereza de espíritu que se espera encontrar en las vidas de quienes han recibido semejante premio gordo. Una razón poderosa que explica esto es que tenemos problemas para imaginar el premio, y mucho más todavía para imaginar que ya lo hemos ganado.

Pregúntele a alguien qué haría con un millón de dólares, y todo tipo de imágenes vienen a la mente. Podemos vernos a nosotros mismos rompiendo facturas, conduciendo un nuevo auto y visitando algún lugar que siempre habíamos querido conocer. Pídale a la gente que se imagine el cielo, y las cosas se vuelven mucho más borrosas. Un equipo de filmación de nuestra iglesia fue una vez a la zona de La Franja en Las Vegas para preguntarle a la gente cómo pensaba que era el cielo, y la respuesta inmediata fue siempre: "un lugar blanco." Cuando se les pedía que fueran más específicos, las personas describían al cielo como "grande", "pacífico", o simplemente "lo que tú quieras que sea."

Una búsqueda de imágenes en Google de la palabra "cielo" presenta fotografías de nubes, figuras con túnicas, y escaleras majestuosas ascendiendo hasta perderse entre los rayos de sol. Chistes gráficos muestran a San Pedro de pie frente a una verja perlada revisando un gran libro sobre un pedestal de mármol. Oprah Winfrey incluso es citada diciendo: "Mi idea del cielo es una gran patata horneada y alguien con quien compartirla." Incluso si su afirmación fue hecha a manera de mofa, nos muestra todavía lo vaga que es nuestra visión del cielo.

CASI UN PARAÍSO

Una de las cosas que me gusta de las vacaciones es la anticipación. Mientras más claramente pueda imaginarme el destino de mi viaje, más deseo que comience. Por eso muchas personas vuelven al mismo lugar para veranear año tras año; tienen en sus mentes una imagen perfecta del lugar, lo cual hace que la anticipación sea aún más dulce. Por esta razón los resorts y las atracciones más costosos invierten tanto dinero en folletos y sitios web. Cuanto más se pueda ver a usted mismo en el spa, la playa o el parque temático que promocionan, más probabilidades habrá de que lo visite.

El folleto del cielo que la mayoría de nosotros lleva en la cabeza jamás ganará un solo visitante. Si combináramos las percepciones del 81 por ciento de quienes creen el cielo en una sola propaganda, sería algo como esto:

> ¡El cielo! La eternidad le espera… ¿Alguna vez deseó una escapada entre el brillo intenso de los rayos solares? ¿Alguna vez quiso flotar sobre una nube? Bueno, ¡ahora es posible! Dios y sus ángeles le invitan a visitar el destino de los destinos: ¡el cielo!
>
> La dicha pacífica está a tan solo un salto de nube. Usted disfrutará de actividades como: cantar, flotar, y cantar mientras flota. Cada visitante recibe su propia arpa y

> túnica, con los cuales puede quedarse para siempre. Asegúrese de disfrutar los sitios locales de majestuosos pilares blancos e interminables cielos azules con apenas un toque de púrpura... puede que incluso se encuentre con algunos viejos amigos. Solo asegúrese de regresar a tiempo para el evento principal: ¡El servicio dominical interminable! El servicio comienza a las 8 en punto, ¡y nunca se termina! Sin necesidad alguna de comida, bebida, sueño o sexo, ¡usted pasará un "santo" tiempo maravilloso! ¡No espere más!

Esta fue la imagen que yo tuve por largo tiempo. La realidad del cielo, nuestra esperanza final, nunca se arraigó en mi alma. Estaba viviendo la tragedia que Salomón vio: una persona viviendo sin la verdadera esperanza del cielo. Este cielo enclenque es incapaz de soportar el peso de la eternidad. Es una foto anémica que lleva a la gente a estar de acuerdo con Mark Twain cuando dijo: "Ve al cielo por el clima, ve al infierno por la compañía."

Cuando vivimos con una imagen borrosa del cielo en nuestra mente, nuestros corazones comienzan a ver más beneficios en esta vida; incluso tal vez en el infierno, puesto que es allí donde todos los chicos malos y las chicas parranderas van. Por eso necesitamos re-imaginar el cielo de manera clara.

Necesitamos rediseñar el folleto que llevamos en la mente con imágenes brillantes y de alta calidad del lugar que el Señor ha preparado para nosotros. Dios dice sí a la vida después de la muerte, y la gente que ve esto de manera más clara con frecuencia vive con la más extraordinaria esperanza.

¿VES LO QUE YO VEO?

El apóstol Pablo escribió una carta a la iglesia en Corinto en la cual mencionó haber sido llevado al cielo quince años antes. "Es cierto, solo Dios sabe si estaba yo en mi cuerpo o fuera del cuerpo; pero sí sé que fui llevado al paraíso y oí cosas tan increíbles que no pueden expresarse con palabras, cosas que a ningún humano se le permite contar" (2 Corintios 12:3-4, NTV).

Pablo no ofrece una descripción física detallada, pero la experiencia lo dejó con imágenes más brillantes y hermosas que cualquier folleto del Club Med.

En lugar de querer estarse quieto y esperar a que su ticket fuera marcado, esta muestra del cielo pareció motivar a Pablo a servir aún más a Dios. Cuando las cosas se pusieron difíciles y su trabajo no pareció dar resultados, me imagino que Pablo pensaría en el cielo. Seguro que fue también una gran fuente de seguridad. La razón única por la que Pablo menciona su visión es para combatir a las personas que cuestionaban su condición de apóstol. Tener una visión clara del cielo ayudó a Pablo a levantar la iglesia y vivir valientemente para Cristo.

La Biblia ofrece muchas imágenes simbólicas sobre el cielo. Por ejemplo, en el libro de Apocalipsis es descrita una ciudad celestial hecha de brillantes piedras preciosas, clara como el cristal y con calles pavimentadas en oro. Puede que existan edificios inmaculados de igual construcción por todo el cielo, pero lo más importante que se describe es la gloria y la riqueza de Dios, quien vive en el cielo. Si nos limitamos simplemente a las imágenes simbólicas, nos perdemos muchas otras descripciones mencionadas en la Biblia, tales como una casa o mansión, un país celestial, descanso, un reino, una montaña, o un gran festín.

Todas estas analogías describen un aspecto del cielo sin dar una fotografía concreta de lo que es. Mucho de eso es dejado a nuestra imaginación. Sin embargo, las imágenes sugieren que el cielo será mucho más similar a la tierra de lo que la mayoría de la gente piensa. Anhelamos ver un cielo nuevo y una tierra nueva. Hay una palabra usada por Pablo en el pasaje anterior que fue usada también por Jesús y que es un poco más sencilla de imaginar que todas las demás: paraíso.

Pablo dice que fue "llevado al paraíso." Esta es la misma palabra usada por Jesús cuando miró al ladrón que era también crucificado junto a él: "Te aseguro que hoy estarás conmigo en el paraíso" (Lucas 223:43, NTV). La esperanza última en una corta frase.

¿Qué viene a su mente cuando piensa en la palabra "paraíso"? Cuando escucho la palabra, pienso inmediatamente en una playa hermosa y refrescante, exuberante en plantas, brisas suaves y aire oceánico. Y resulta ser que mi imagen no está muy alejada del significado original de la palabra. La palabra griega *paradeisos*, que significa "jardín amurallado," fue primero utilizada para describir elaborados jardines creados para los ricos gobernantes del Medio Oriente.

Era un lugar en el que se cultivaba lo mejor que tenía que ofrecer la naturaleza, para el disfrute de los sentidos. Frutas deliciosas al paladar, flores hermosas de cada color, pájaros piando mientras la brisa sopla gentilmente sobre las hojas de los árboles llevando exquisitos aromas en el aire. Era un lugar en el que simplemente se podía descansar, un oasis en el que se podía caminar con amigos; un jardín exclusivo y protegido que refrescaba el alma desde dentro hacia fuera. Era un lugar que recordaba al Jardín del Edén. Era, bueno, el paraíso.

Si este tipo de lugar parece todavía vago, permítame ayudarle a visualizarlo. Para que fluya su imaginación, vaya al Internet y busque imágenes del hotel Peter Island resort. Localizado en las Islas Vírgenes Británicas, este lugar ofrece aguas cristalinas, bamboleantes palmas verde esmeralda y un lujoso alojamiento sin rival alguno. Si las cabañas en lo alto de un risco no son suficientemente exclusivas para usted, considere alquilar la isla entera, lo cual es posible hacer previa solicitud especial. No digo que el cielo luzca exactamente como esta isla, pero sé que es una imagen mucho mejor del cielo de la que muchas personas tienen en la cabeza.

Otra manera de visualizar lo maravilloso del cielo es pensar en lo que *no habrá* allí. Apocalipsis 21 nos dice que el cielo es un lugar donde no hay enfermedad, dolor, llanto o pena. Piense en esto por un momento. ¿Puede imaginarse existiendo sin tener ese tipo de problemas? Se nos asegura que el cielo es un lugar libre de violencia e injusticia (véase Job 3:17, 2 Tesalonicenses 1:7). El cielo es un lugar en el que ya no tenemos que temer la tragedia de perder a los que amamos (véase Lucas 20:36).

Incluso en Peter Island usted puede caerse y romperse una pierna. Sus maletas también podrían perderse o ser robadas mientras viaja allí. Incluso le podría picar una medusa, le podría morder un tiburón o comer algún marisco en mal estado y morir. La vida es incierta en la tierra, pero no en el cielo. Es como todas las cosas buenas de la tierra con ninguna de las cosas malas.

El gozo de sostener un bebé sin los pañales sucios. Pertenecer a una familia sin todo el drama y los conflictos pasados. Lo majestuoso del bosque sin todos los mosquitos. Lo glorioso del océano sin los tiburones blancos. La promesa de los Dallas Cowboys sin los partidos perdidos. El placer de los postres sin todos los rollitos en las caderas. La conexión profunda de un cónyuge sin todas las cosas que le desesperan.

Puede parecer una lista tonta, pero sirve para comunicar una verdad profunda sobre el cielo: será todo lo bueno en la vida, multiplicado a la enésima potencia, menos dolor, pena, miedo, injusticia y pérdidas. Cada deleite momentáneo que haya sentido en esta vida es apenas un atisbo de lo que le espera en el cielo. Cada cosa hermosa, maravillosa y encantadora que haya experimentado es solo una muestra de lo que Pablo vio en su visión y lo que Jesús le prometió al ladrón. Las alegrías que conocemos hoy son apenas sombra de las experiencias más profundas y verdaderas que nos esperan en el paraíso.

VERSIÓN 2.0

Después de la vida en la tierra, Dios dice sí a nuestros cuerpos nuevos. Piense en ello como usted versión 2.0: la actualización definitiva. La idea de recibir un cuerpo nuevo no es tan emocionante para la gente joven y físicamente en forma, pero mientras más envejezca, más llamativa se le hará la idea. Todos acumulamos molestias, dolores y problemas de funcionamiento físico con la edad. Las rodillas comienzan a rechinar, la espalda comienza a doler y su cerebro comienza a nublarse. Se pierde el cabello en donde queremos tenerlo y comienza a crecer en donde no lo necesitamos (¿se acuerda de aquellas canas en las fosas nasales?)

Finalmente se llega al punto en que los doctores dejan de intentar mejorar su salud y se concentran en evitar que se ponga peor. Ciertamente hay gloria en envejecer. Pero también hay algo de humillación. Una vez que le ha dado la vuelta completa al odómetro en sus aromas corporales unas cuantas veces, pasar al siguiente modelo no suena tan mal.

Compré mi primer auto nuevo cuando tenía treinta y cuatro años. Por muchos años conduje chatarras. Mientras los tuve me sentí agradecido, feliz de que me pudieran llevar de un sitio a otro, pero aparte de eso no disfrutaba conducirlos. Finalmente llegó el día y me fui con todo. Llegué a un concesionario con un auto chatarra y salí conduciendo un Mustang rojo brillante. Por primera vez en mi vida, disfruté conducir. No me importó tener que atravesar la ciudad, ¡porque lo hacía en mi Mustang!

Esa sensación de emoción, poder y novedad al manejar un auto nuevo es una muestra pequeñísima de lo que vamos a sentir cuando recibamos nuestros cuerpos nuevos. Y a diferencia de mi Mustang, ¡jamás nos echaremos a perder! La Biblia dice que seremos nuevos, pero que aún nos reconoceremos mutuamente. No flotaremos simplemente sobre las nubes cantando todo el día. Creo que tendremos trabajo productivo y significativo que hacer en nuestros nuevos cuerpos.

Además, viviremos en nuevos cuerpos, y esto sí que me emociona. La Biblia dice que Dios creó la tierra actual en siete días, pero que ha estado planificando la nueva tierra desde el comienzo de los tiempos. ¿Puede imaginar lo increíble que será el nuevo mundo? Imagine su lugar preferido para vacacionar. Ahora imagine que Dios pasó mil veces más tiempo preparándolo. El cielo tendrá al parque Yosemite multiplicado por mil; a Hawái multiplicado por mil; a París multiplicado por mil; a la playa Pebble Beach multiplicada por mil. Hay más lugares hermosos en esta tierra de los que nadie pueda llegar a visitar jamás, pero en la nueva tierra tendremos la eternidad para explorar la majestuosidad y creatividad de Dios. ¡Será maravilloso!

En el último libro de *Las crónicas de Narnia: La última batalla*, C. S. Lewis describe una escena al final de los tiempos. Los personajes que aprendimos a querer de repente se encuentran a sí mismos en un nuevo mundo que mantiene lo mejor de la vieja Narnia, pero siendo aún mejor. Se dan cuenta de que pueden correr sin cansarse; y mientras más lejos corren, más amigos se encuentran que habían perdido hacía mucho tiempo. La emoción del momento es registrada en esta corta escena: "Fue el unicornio quien resumió lo que todos sentían. Dio una patada en el suelo con el casco delantero derecho, relinchó y luego dijo: '¡Por fin estoy en casa! ¡Este es m auténtico país! Pertenezco a este lugar. Esta es la tierra que he anhelado durante toda mi vida, aunque no lo he sabido hasta hoy. El motivo por el que amaba la vieja Narnia era porque se parecía un poco a esto.'"[39]

Cuando lleguemos al cielo y recibamos nuestros cuerpos nuevos, con seguridad será el momento más grande de nuestra existencia. Nos sentiremos más en casa y más vivos de lo que jamás soñamos que fuera posible. Todo lo bueno y agradable de este mundo estará presente allí multiplicado por mil. Sin importar lo difícil o duro que haya sido nuestro tiempo en esta tierra, será barrido y olvidado ante lo hermoso y extraordinario de las maravillas expuestas frente a nuestros nuevos ojos.

Cuando leí por primera vez la escena anterior de *La Última Batalla*, fue la primera vez que la promesa del cielo pasó de ser una imagen borrosa a ser una imagen clara en mi corazón. Fue entonces que di mis primeros pasos como ciudadano del cielo, alguien que tiene una imagen esperanzadora y profunda de aquello por lo cual Cristo murió para darnos. Al igual que Pablo, esta imagen clara del futuro me impulsa a una vida de fe y servicio en la que el mensaje de la gracia de Dios es compartido y el regalo del cielo es ofrecido a tantas personas como sea posible. Me recuerdo a mí mismo todos los días vivir con la esperanza de alguien a quien se le ha prometido el premio mayor.

¿Sabe usted por qué los verdaderos ganadores de la lotería del Mega Millions esperaron diez días para reclamar su premio, permitiendo la semana famosa de Mirlanda Williams? Se estaban reuniendo con abogados y consejeros financieros, tratando de ser lo más inteligentes posible con sus ganancias. Eran plenamente conscientes de la maldición de la lotería, un fenómeno en el que la gente que gana grandes sumas de dinero cae en la bancarrota a los pocos años. Querían colocar todos sus patos en una fila para proteger su dinero de las hordas de carroñeros que intentarían robarles lo que habían ganado en la lotería. Mientras tanto, estaban escondidos a plena vista, sin decirle a nadie sobre su buena fortuna, viviendo la vida como de costumbre.

Durante diez días, los tres maestros llevaban sus vidas como de costumbre, yendo al trabajo, luchando con el tráfico y lavando la ropa. Aunque trataban de mantener las apariencias de una vida normal, por dentro seguramente estaban saltando con una pierna. Me imagino que el costo de un tanque de gasolina ya no les angustiaba tanto. Las noticias del día ya no parecían tan nefastas. Los retos a enfrentar en el trabajo no parecían oprimir tanto el espíritu. Sin importar lo que les presentara la vida, nada podía cambiar el hecho de que pronto serían millonarios. Lo único que estaban esperando era la luz verde para reclamar el premio que ya era de ellos. Flotaban sobre la ciénaga de la vida cotidiana, llevados en las alas de un premio inminente y definitivo.

Aquello que esperamos y anhelamos es lo que da forma a nuestras vidas. Como seguidores de Cristo, tenemos algo mucho más valioso y permanente que anhelar que una suma de dinero. Un cuerpo completamente nuevo, un mundo completamente nuevo, y un Dios glorioso en el cielo esperando a todo aquel que ponga su confianza y esperanza en Cristo. Dios dice sí a la vida después de que nuestros cuerpos mortales expiren, y el recibir una muestra verdadera de la vida por venir hace que esta vida sea aun más rica en gozo y propósito. Hemos recibido un premio que no necesita ser escondido, un premio que se multiplica en lugar de disminuir. Una esperanza que no fallará. Como afirma Salomón: "La luz es agradable; qué hermoso es ver el amanecer de un nuevo día" (Eclesiastés 11:7, NTV). Por causa de Cristo, un nuevo día amanece cuando tenemos esperanza no solo en esta vida, sino también en la vida que tenemos en el paraíso por venir.

Capítulo diez

Sí a la vida

> Solo hay dos maneras de vivir la vida. Una es como si nada fuera un milagro. La otra es como si todo fuera un milagro.
>
> —*Albert Einstein*

Hay pocos momentos de felicidad más anticipados por los hombres que la noche de bodas. Mientras que las novias sueñan con el vestido perfecto, la boda perfecta y las flores más hermosas, muchos hombres no pueden evitar enfocarse en lo que sucede *después* de la boda. Es difícil culparlos, es un momento épico.

Mi amigo Chad no era diferente. De hecho, era un poco peor. Él y su esposa Sara se hicieron cristianos y se conocieron después de que sus primeros matrimonios habían terminado. Tuvieron un noviazgo de dos años y finalmente contrajeron matrimonio. Aunque sus experiencias pasadas lo hicieron difícil, se mantuvieron célibes durante todo su noviazgo para honrar su fe. Finalmente, llegó la noche en que ya fueron marido y mujer, y la primera cosa que hicieron fue… *comer una hamburguesa.*

Había sido un largo día, con una larga recepción que parecía no acabarse nunca, sin tiempo para comer a medida que saludaban a los invitados y pasaban tiempo con ellos antes de cambiarse y salir. Luego en la limosina se dieron cuenta de que habían perdido una de las maletas en camino a abordar un vuelo que no tenía servicio de comidas. Cuando al fin llegaron a la suite para su luna de miel, la pareja estaba hambrienta a más no poder. Teniendo por fin la libertad de hacer lo que quisieran en la noche más anticipada de sus vidas, lo que más deseaban los recién casados era una deliciosa hamburguesa con queso. Y al hablar de ello, ¡terminaron pidiendo una monstruosa hamburguesa con queso!

SABOREAR EL SABOR

Podemos hallar mucha alegría en los grandes momentos de la vida. Y hay todavía más en las cosas pequeñas. Pregúntele a las personas sobre los momentos más felices de sus vidas y lo más probable es que paren por un momento, busquen en sus mentes por un segundo o dos, y mencionen algún evento en sus vidas. El día en que se casaron. El día en que nació su hijo. El día en que se graduaron en la universidad. El día en que rindieron sus vidas a Dios. Estos con seguridad son momentos de felicidad, súper cargados por su rareza y significado.

Luego pregunte a las personas qué les hace más felices, y es probable que reciba respuestas sencillas. Le responderán con cosas como una buena comida con familia y amigos, cierto pasatiempo, ver una película, ver un partido de pelota, o escuchar música. La lista de placeres sencillos es larga y variada, pero cada quien parece tener sus favoritos. Damos gran importancia a las grandes cosas de la vida, pero con frecuencia nos cuesta recordar la última cosa sencilla que hicimos que nos hizo felices. Los grandes momentos son planificados, cultivados, celebrados y recordados. Por ejemplo, una boda o unas vacaciones, llevan el peso de grandes (y algunas veces inalcanzables) expectativas. Pero casi siempre son inolvidables. Los pequeños momentos, sin embargo, con frecuencia se pierden entre un mar de cosas comunes. Como Salomón lo señala en Eclesiastés, los pequeños placeres deben ser saboreados si deseamos disfrutar nuestras vidas al máximo.

Dios no solo dice sí a las grandes cosas en nuestra vida, también dice sí a las cosas pequeñas. A la larga, la cantidad de regocijo que obtenemos de los grandes momentos es pequeña en comparación con la alegría combinada que recibimos de los momentos demasiado pequeños para ser recordados. Para aprovechar al máximo el vivir en el sí de Dios, debemos tratar las cosas pequeñas con el mismo cuidado que los momentos más importantes en la vida. Disfrute de la hamburguesa junto con la luna de miel. Estos pequeños detalles son los que hacen generalmente que los eventos más grandes de nuestras vidas sean memorables.

EL PESO DEL MUNDO

Salomón reta a sus lectores a absorber toda la alegría de las cosas pequeñas: "Y eso no es todo lo que carece de sentido en nuestro mundo. En esta vida, a las personas buenas se les suele tratar como si fueran malvadas, y a las malvadas, como si fueran buenas. ¡Eso no tiene ningún sentido! Entonces sugiero que se diviertan, ya que en este mundo no hay nada mejor para la gente que comer, beber y disfrutar de la vida. De ese modo, tendrán algo de felicidad junto con todo el arduo trabajo que Dios les da bajo el sol" (Eclesiastés 8:14-15, NTV).

Al apenas comenzar, Salomón menciona un terrible problema. Él ha visto que la gente buena no siempre es reconocida por lo que hace, ni recibe la recompensa que se merece. Algunas veces inclusive recibe el pago que merecen los malvados. Mientras tanto, los malvados no solo quedan sin castigo, sino que además son tratados con el respeto y los elogios que la gente buena debería recibir.

Me recuerda a la trama de la película *Sueño de Fuga* (*The Shawshank Redemption*), en la que el héroe, Andy Dufrain, es encarcelado por un crimen que no cometió. Incluso cuando el verdadero asesino es descubierto, un corrupto alcaide jefe de la prisión mata al único testigo vivo, haciendo que el pobre de Andy deba continuar en la cárcel para seguir llevando los libros de un escandaloso negocio paralelo que dirige el alcaide de la prisión.

Algo en la historia hace que nos hierva la sangre. No podemos esperar a que Andy escape de la cárcel y se las haga pagar al alcaide. Nuestros corazones claman justicia. Al final de la película, Andy escapa a una hermosa playa y todos descubren el malvado hombre que es el alcaide. Nos sentidos alegres y aliviados de que el bueno y el malo hayan finalmente recibido lo que se merecían. La verdad triunfa y la justicia prevalece.

La escena que Salomón describe en Eclesiastés 8 no tiene un final feliz hollywoodesco. Termina de manera frustrante. Andy sigue en prisión. El alcaide sigue recibiendo sobornos y violando la ley. El mal gana y el bien es derrotado otra vez. Es profundamente injusto e insatisfactorio. Es exactamente el tipo de gran asunto que nos mantiene despiertos en la noche. ¿Qué podemos hacer frente a tamaña injusticia? ¿Cómo lidiamos con un mundo enloquecido? Salomón ofrece una solución resumible en una sola palabra: "Diviértanse."

Al comienzo suena como algo trillado, tan absurdo como para producir risa. *¿Diviértanse?* ¿De qué sirve eso? Según Sonja Lyubomirsky, en su libro *La ciencia de la felicidad* (*The How of Happiness*), divertirse marca una diferencia mucho más grande de lo que se pueda imaginar. En particular, la disciplina de saborear los momentos tiene efectos positivos medibles. Ella escribe: "Ya sea que nos enfoquemos en lo pasado, en el momento presente, o en los tiempos futuros, en la investigación empírica el hábito de saborear ha mostrado estar relacionado con la felicidad intensa y frecuente. Más aún, saborear está asociado con muchas otras características positivas. Por ejemplo, se descubrió en varios estudios que las personas que se mostraron inclinadas a saborear tenían más autoconfianza, eran más extrovertidas, se sentían más gratificadas y eran menos desesperanzadas y neuróticas."[40] [Traducción libre]

Se define como saborear el disfrute intencional prolongado de las maravillas diarias. En lugar de pasar el día corriendo, bajamos la velocidad para apreciar los regalos que este ofrece. En lugar de pasar de una actividad a la otra a toda prisa, nos tomamos tiempo para saborearlas. La sensación de agua fría corriendo por la garganta en un día sofocantemente abrasador. El sonido de la risa de los niños jugando en un parque. Descubrir una nueva canción favorita en la radio. Probar el dulce sabor de un durazno maduro. Ver el amor en el color traslúcido de los ojos de su cónyuge. Simplemente estar vivos al momento presente y todo lo que este ofrece.

MOMENTOS ROBADOS

Una vez más, la sabiduría atemporal de Salomón tiene verificación científica. La gente que conscientemente toma tiempo para saborear los placeres simples de la vida, lleva una existencia más feliz y positiva. No es solo una ilusión, es una verdad observable. Cuando nos tomamos el tiempo para apreciar las cosas pequeñas, la vida es mejor. Después de todo, todo es un regalo de Dios.

Significa sentarse con esa primera taza matutina de café, aspirando el aroma mientras nos tomamos un momento para orar, reflexionar y beber en la quietud de la mañana. Significa refrescarnos, en lugar de acelerarnos en la ducha, disfrutando del relajante poder del agua caliente. Significa darnos cuenta de los árboles, las nubes y el cielo mientras conducimos. Buscamos y nos deleitamos intencionalmente en los indicios de Dios en su creación, incluso cuando el tráfico esté pesado.

Puede sonar como exageradamente simplista, castillos en el aire, un sinsentido color de rosa, pero los beneficios de saborear han sido continuamente demostrados por la investigación empírica. Lyubomirsky menciona dos estudios adicionales sobre el poder de saborear. En el primero se pidió a participantes deprimidos que tomaran unos cuantos momentos cada día para disfrutar de algo que normalmente hacían a toda prisa, como tomar una ducha, una comida o una caminata, y que luego escribieran sobre ello. En el segundo estudio se pidió a estudiantes y miembros de la comunidad sanos que saborearan dos experiencias agradables al día reflexionando en ellas por dos o tres minutos, haciendo que la sensación de placer durara lo máximo posible. Según Lyubomirsky: "En todos estos estudios, aquellos participantes que decidieron practicar regularmente el saborear mostraron un aumento significativo en la felicidad y una reducción de la depresión."[41] [Traducción libre]

Por eso Salomón pide a sus lectores disfrutar de las cosas pequeñas. Comer, beber, disfrutar de la vida, incluso al enfrentar cosas graves como la injusticia social, porque el camino a una vida infeliz, y el paralizante efecto de la depresión, es facilitado por el consumo irreflexivo y apresurado de los placeres cotidianos de la vida. Debemos ser intencionales al saborear las cosas pequeñas porque es muy fácil perderse en el ajetreo diario. Cuando permanecemos atrapados en nuestras emociones o perdidos en la duda, la preocupación y la frustración, perdemos contacto con lo que está justo delante de nosotros.

Un vecindario cercano a donde vivimos sufrió una ola de robos no hace mucho. Más de dos decenas de hogares fueron violentados con la pérdida de decenas de miles de dólares en objetos robados. Sin embargo, no se llegó siquiera a presentar un solo reporte policial. El ladrón utilizó una ingeniosa estrategia que le permitió moverse de casa en casa durante varias semanas sin ser detectado. ¿Cuál fue su plan? Nunca robó nada grande.

El ladrón entraba en las casas y robaba pequeños artículos valiosos cuya ausencia nadie notaría, como una cantidad pequeña de dinero, joyería apenas usada, o la grabadora de video que solo se usaba para eventos especiales. Él ignoraba televisores, computadoras y anillos de matrimonio porque estos eran artículos notorios que fácilmente podrían provocar una llamada para alertar a las autoridades. Él también se llevaba artículos poco comunes, como una aspiradora costosa. Las personas imaginaban que la habían prestado a alguien o la habían guardado en algún otro sitio, porque ¿quién querría robar una aspiradora?

Poca idea tenían ellos de que la aspiradora, junto con todos los demás artículos (incluyendo un collar familiar que había pasado por varias generaciones), estaban en una tienda de empeño en la misma calle esperando a ser vendidos al primer comprador interesado.

Este astuto ladronzuelo fue atrapado solo porque alguien notó a alguien extraño espiando una casa vacía del vecindario. Cuando la policía detuvo al hombre, este lo confesó todo. Cuando el lento proceso de notificación comenzó, los vecinos se estremecieron al saber que no solo alguien había entrado a sus casas, sino también que algo pequeño les había sido robado. La mayoría de ellos ni siquiera tenía idea de que algo les faltara.

Finalmente, todos los bienes robados fueron devueltos, incluida la aspiradora, pero algo más regresó al vecindario también: un aprecio nuevo por las cosas pequeñas. Ignórelas y puede que algún día ya no estén allí.

MEDIO LLENO

Salomón menciona dos cosas que pueden obstaculizar nuestra apreciación de las cosas pequeñas. La primera es la que yo llamo la categoría de las "Grandes Preocupaciones." Vea cómo comienza su afirmación: "Y eso no es todo lo que carece de sentido en nuestro mundo. En esta vida, a las personas buenas se les suele tratar como si fueran malvadas, y a las malvadas, como si fueran buenas. ¡Eso no tiene ningún sentido!" (Eclesiastés 8:14, NTV).

Salomón comienza con un enorme y complicado asunto con el que los gobiernos, organizaciones e individuos han luchado por siglos: justicia local. No es un problema que pueda ser resuelto simplemente con poder e influencia; si fuera así, Salomón tuvo ambas cualidades por toneladas y hubiera podido producirla por decreto real. El problema va más allá. La vida era horriblemente injusta, y además escapaba a su influencia. Él peleaba con esto. No podía entenderlo. Lo mantenía despierto por las noches.

Sentir pasión por alguna causa es bueno. Todos debemos combatir los problemas más graves de la vida y tratar de mejorar las cosas. Todos debemos tomar en cuenta las principales preocupaciones con las que lidiamos en el mundo, pero no podemos llevar tanto peso y preocupación sobre nuestros hombros hasta el punto de acabar con las pequeñas alegrías de nuestras vidas.

¿Ha notado que algunas veces las personas más comprometidas con cambiar el mundo son las más difíciles de tratar? Llevan sobre sus espaldas un peso que parece ahogar toda alegría. Cada preocupación les afecta tanto, que sus vidas se centran solo en cargar con grandes asuntos obviando por completo las cosas pequeñas.

Lo mismo ocurre con personas que se ocupan estridentemente de cambiar su mundo personal. Invierte gran esfuerzo en obtener cierta meta, en alcanzar cierto peso, tener cierto empleo, o en conocer y casarse con una persona específica. Terminan tan absortos en alcanzar ese gran logro, o provocar ese cambio tan grande, que nada más parece importarles, especialmente las cosas pequeñas. En lo referente a disfrutar de la vida, parecen pensar: "Lo haré después de que alcance mi meta, cambie mi vida, o cambie al mundo."

Estas son características nobles y admirables. Fijar y alcanzar metas es algo que toda persona debería hacer, pero no debemos pensar que la felicidad duradera se halla al final de un importante logro en la vida o un avance mundial. Salomón y la ciencia confirman que no es así. De hecho, los investigadores han encontrado evidencia de que el potencial humano para la felicidad se divide en tres categorías sencillas: (1) un punto inicial (su nivel genético básico de felicidad), (2) sus circunstancias, y (3) actividad intencional.[42]

La mayoría de la gente piensa que los grandes avances en la felicidad son producto de cambiar o influenciar la segunda categoría. Si pudiéramos tan solo cambiar nuestras circunstancias, cosas como la familia, el empleo, la casa, la salud o las finanzas, entonces seríamos mucho más felices.

Una persona soltera piensa que el matrimonio hará que su vida sea completa y con total satisfacción. Una mujer de mediana edad anhela la cirugía plástica para finalmente sentirse bien con su cuerpo. Una joven pareja sueña con la libertad y felicidad de la riqueza. Un hombre mayor que lucha con una lesión crónica en la rodilla cree que el doctor correcto con la cirugía correcta podría resolver todos sus problemas.

Tendemos a poner un montón de esperanza en los grandes cambios, e invertimos gran cantidad de energía intentando controlar y cambiar nuestras circunstancias. Aunque el matrimonio, la cirugía plástica, el dinero y la curación pueden provocar cambios temporales, su potencial para aumentar la felicidad duradera es muy pequeño. Los científicos sociales creen que es tan solo de un 10 por ciento. Han descubierto que nuestra base biológica para la felicidad representa el 50 por ciento de nuestro contentamiento, pero las circunstancias solo el 10 por ciento.[43] Esto significa que usted puede invertir todos los recursos que tenga en mejorar el mundo y su parte en él, pero eso solamente logrará elevar su nivel de felicidad un punto. Además, usted tiene poco control sobre muchas de sus circunstancias, por lo que depender de las grandes cosas para ser feliz es una proposición frustrante del todo.

El mejor lugar donde invertir su tiempo y energía para maximizar su felicidad es en lo que los investigadores llaman "actividad intencional." Esto incluye comportamientos como saborear los momentos agradables, ser agradecido, pasar tiempo con los amigos y ejercitarse regularmente. En otras palabras, las cosas pequeñas.

De hecho, el 40 por ciento de la felicidad que sentimos está determinado por cuánto invertimos y cultivamos las cosas pequeñas en nuestras vidas.[44] Mejor aún, las cosas pequeñas están completamente bajo nuestro control. Podemos escoger valorar cada día las cosas pequeñas que traen felicidad, incluso en cada momento, y esa felicidad proveerá la sanidad, energía y actitud para afrontar las cosas grandes.

LO MISMO DE SIEMPRE

El segundo ladrón que nos roba las cosas pequeñas es la rutina. Salomón describe su realidad: "Mientras buscaba la sabiduría y observaba las cargas que lleva la gente aquí en la tierra, descubrí que la actividad no cesa ni de día ni de noche. Me di cuenta de que nadie puede descubrir todo lo que Dios está haciendo bajo el sol. Ni siquiera los más sabios lo descubren todo, no importa lo que digan" (Eclesiastés 8:16-17, NTV).

En estos tiempos pareciera que la actividad es más incesante que nunca. Vi una infografía creada por Domo, una compañía de inteligencia de negocios, en la que realizaron una investigación para capturar todos los datos generados cada minuto en el Internet. Aquí están algunos de los datos que han ido en aumento desde que escribo esto:

Cada minuto en el Internet
48 horas de nuevos videos son subidos a YouTube
571 sitios web nuevos son creados
3.125 fotos nuevas son añadidas a Flickr
100.000 *tweets* son enviados
684.478 piezas de contenido son compartidas en Facebook
2.000.000 de búsquedas son ingresadas en Google
204.166.667 correos electrónicos son enviados

Cada minuto. Todos los minutos. Todo el día. Todo el año.[45]

Me canso solo de pensar en ello. Es verdaderamente actividad incesante, como lo describía Salomón (y estoy seguro de que muchos de esos correos llegan a mi bandeja de entrada en las vacaciones). La actividad incesante tiene el poder de acabar con la fascinación de las cosas pequeñas que pueden tener un duradero efecto positivo en nuestras vidas.

¿Cómo llegamos a estar tan abrumados? ¿Cómo llegamos a estar tan consumidos por tantas demandas que terminamos con tan poco tiempo para disfrutar lo que tenemos?

Piense en el primer día en que condujo solo. La sensación de libertad era excitante: solo usted, su auto y la carretera. ¡Las posibilidades eran ilimitadas! Ahora piense en la última vez en que condujo un auto (algo inconcebible para la gente hace un siglo). ¿Cómo fue? ¿Se sentía presa de la emoción? ¿Se sintió agradecido por su medio de transporte y deleitado por la conveniencia de tenerlo? ¿O lo sintió como lo mismo de siempre? ¿Fue solo una parte más de su incesante actividad?

Los psicólogos tienen un término para describir el placer decreciente que recibimos de las cosas pequeñas de la vida. Se trata de "adaptación hedonística" y es una fuerza poderosa tanto en los individuos como en la sociedad. Cada vez que algo bueno y maravilloso sucede, la adaptación hedonística aparece para arrollar lo bueno en nuestras vidas. Lo que una vez fue un avance maravilloso se vuelve una expectativa.

El comediante Lewis C. K. produjo muchas risas utilizando el concepto de adaptación hedonística en una rutina llamada: "Todo es una maravilla y nadie es feliz."

En el programa *Late Show* dijo: "Iba en un avión en el cual había Internet de alta velocidad… muy rápido, miraba videoclips en YouTube en el avión. La conexión se cayó, la aerolínea se disculpó y el tipo que estaba sentado a mi lado dice: '¡Qué porquería!' como si de repente el mundo le debiera algo que él ni siquiera sabía que existía diez segundos atrás."[46]

Luego prosigue describiendo las quejas y lloriqueos a bordo de otro vuelo después de un retraso en tierra de cuarenta minutos: "Esto es increíble, de verdad. ¿Puedes viajar por los cielos como un ave? ¿Y tú acaso tuviste algo que ver con el milagro del vuelo humano? ¡Estás volando! ¡Es maravilloso! Todo el mundo en cada vuelo debería decir constantemente... '¡caramba!' Estás sentado en una silla en el cielo."[47]

¿Cuántas cosas pequeñas hacemos cada día y cuántas "sillas en el cielo" pasamos por alto y las consideramos como algo absolutamente normal? Ese mensaje de texto de un amigo, la mano de nuestro cónyuge, el amor de nuestra familia, la comodidad del aire acondicionado o el sabor de un emparedado de pavo. ¡Eso sin mencionar la gracia ilimitada y el amor incondicional de Dios!

La maldición de lo común nos ataca cada mañana cuando abrimos los ojos, y nos deja inmunes a los placeres simples que nos esperan. Aunque hay una actividad incesante bajo el sol, podemos decidir conscientemente pararnos a un lado de la corriente y disfrutar las cosas buenas que Dios nos ha dado. Cuando lo hacemos, no solo experimentamos una felicidad más duradera, sino que también reflejamos más el corazón de Dios.

Dios está presente en las cosas pequeñas, y usted también debería estarlo. No permita que la actividad incesante o los asuntos muy preocupantes de la vida le roben la alegría que podemos encontrar a nuestro alrededor. Con suficiente oración e intencionalidad, podríamos incrementar literalmente nuestra felicidad un 40 por ciento al poner en práctica el consejo de Salomón y simplemente elegir saborear los momentos y disfrutar la vida.

LAS MARAVILLAS COTIDIANAS

El año pasado perdimos el anillo de matrimonio de Lori. Fue el anillo que le compré hace quince años y, aunque no era costoso, significaba mucho para los dos. El diamante se había agrietado por el centro pero yo seguía aplazando repararlo. Simplemente pensé que tendría tiempo de hacerlo.

Buscamos durante horas. Vaciamos bolsas de basura. Miramos en cada grieta y hendidura de la casa. Mi hijo Ethan recordó haber visto el anillo, y dijo: "Creo haberlo puesto en algún lado," pero no podía recordar dónde.

Finalmente, todos estábamos exhaustos. Lori lloraba, mi hija Emma lloraba, Ethan estaba escondido y yo me sentía completamente frustrado. Luego, sin razón particular alguna, agarré un pequeño portalápices, saqué los bolígrafos, miré dentro. y allí estaba el anillo.

Inmediatamente llamé a Ethan, y él dijo: "¡Aquí fue donde lo puse! ¡Ahora lo recuerdo!" Estaba tan contento de haberlo encontrado que olvidé estar enojado con él. ¡Nada más importaba porque habíamos encontrado el anillo! Después de que lo encontramos lo llevé al joyero para colocarle un nuevo diamante. Ya no lo pasaríamos más por alto.

Lo mismo puede ser cierto de nuestra fe. Es fácil no darle el valor que se merece. Pero, ¿qué pasaría si ya no la tuviéramos? ¿Qué habría pasado si Cristo jamás hubiera venido a nuestro mundo? ¿Qué habría pasado si Él nunca hubiera vivido, muerto ni resucitado de los muertos? ¿Qué pasaría si no existiera la Iglesia? ¿Qué pasaría si nunca hubiéramos recibido el regalo del perdón y la gracia? ¿Qué pasaría si nunca hubiéramos tenido estos niños para esconder y olvidar cosas en la casa?

No quiero dar esas cosas por sentadas. Cuando recuerdo la increíble misericordia de Dios, nada más tiene tanta importancia. Todos mis pequeños problemas recuperan la perspectiva correcta. Jesús es muchísimo más valioso e importante que un anillo o cualquier otra cosa que podamos haber perdido. Y Él está disponible hoy, gratis, aunque le costó a Dios un altísimo precio en su Hijo Jesús.

SIN LAMENTOS

Inspiration and Chai es el blog de Bronnie Ware. Por muchos años, Bronnie trabajó con gente en cuidado paliativo, confortando a pacientes terminales en sus últimas tres a doce semanas de vida. Durante su tiempo con personas en sus semanas u horas finales de vida, el tema de los lamentos con frecuencia salía a colación. Bronnie resumió todos esos lamentos en cinco respuestas generales.

1. Desearía haber tenido el valor de haber vivido una vida más acorde conmigo mismo, no la vida que otros esperaban que yo viviera.
2. Desearía no haber trabajado tanto.
3. Desearía haber expresado más mis sentimientos.
4. Desearía haber estado en contacto con mis amigos.
5. Desearía haberme permitido ser más feliz.[48]

Aparte de la primera categoría, que tiene que ver más con una dirección valiente de vida, todos esos lamentos tienen relación con la atención que demos a las cosas pequeñas. Puede parecer superficial y simplista intentar encontrar la felicidad sonriendo o riendo más seguido, sosteniendo las manos de un ser querido y disfrutando de los placeres sencillos, pero las cosas pequeñas pasaron desapercibidas para muchas de las personas que estuvieron bajo el cuidado de Bronnie Ware y representaron sus más grandes lamentos.

Dios dice sí a la felicidad y el deleite, y desea que saboreemos cada momento, incluso en medio de circunstancias difíciles y los grandes eventos fuera de nuestro control. Nuestro mundo está lleno de actividad incesante, y nos podemos ahogar fácilmente en un mar de responsabilidades, cargas, desilusiones y dudas. O podemos en cambio comer, beber y disfrutar de nuestro trabajo; y apreciar a nuestros seres queridos y tomar el control de nuestro tiempo cada día para saborear los momentos especiales. Esta es una sabiduría difícil de ganar que estúpidamente tomamos a la ligera, sabiduría reflejada en las palabras del escritor Robert Brault: "Disfrute de las cosas pequeñas, porque un día puede que mire atrás y se dé cuenta de que eran en realidad las cosas grandes."[49]

Ir frenando en la luz amarilla. Sostener la mano de la persona que más ama. Una toalla tibia recién salida de la secadora. Una bebida helada en un día abrasador. Una fruta fresca, madura y jugosa. Dos lugares libres en línea en el estacionamiento de manera que puede estacionar hacia fuera sin tener que retroceder. Auriculares a prueba de ruido. Risas inesperadas. Existen tantas otras cosas pequeñas que podría mencionar. Mi lista puede ser de ayuda, pero lo que sería más útil es la lista que *usted* mismo haga. Haga un buen trabajo escribiendo los momentos de felicidad sin explotar y ejercite la disciplina de saborear, y muy pronto esa lista le hará apreciar las muchas riquezas que experimenta cada día.

Conclusión

Su próximo sí

> Mi conclusión final es la siguiente: teme a Dios y obedece sus mandatos, porque ese es el deber que tenemos todos.
>
> —*Eclesiastés 12:13,* NTV

Hace unos cuantos años, mi mejor amigo me envió un mensaje de texto anunciándome que él y su esposa estaban esperando su tercer hijo. Estaba contento por él y sorprendido, porque recientemente habíamos hablado de que no tenían intenciones de tener más hijos.

Inmediatamente llamé a mi esposa y le conté la noticia. Estábamos muy felices y tratamos todo el día de hablar por teléfono con él para celebrar el anuncio. Luego en la tarde recordé un pequeño detalle de su vida que me dejó confundido. Le envié un mensaje de texto diciendo: "¿No te habías hecho ya LA cirugía? ¿Cómo pueden estar esperando?"

Él me respondió: "¡Feliz día de los inocentes!"

Me sentí completamente embaucado. Una palabra vino a mi mente: "*¡imbécil*!" Había olvidado completamente que era el día de los inocentes. Él me ha hecho lo mismo durante varios años, con diferentes cosas, incluyendo aquel año en que me dijo que iban a declararse en bancarrota y yo, otra vez, ¡le creí! Habiendo aprendido mi lección, ahora recibo con escepticismo lo que la gente me dice el día de los santos inocentes. No les creo nada hasta el día siguiente.

¿Alguna vez se ha preguntado secretamente si Dios le está jugando a usted alguna broma del día de los inocentes? Con todo mi discurso sobre cómo Dios dice sí, sobre cómo Él puede traer nuevo significado y contentamiento a la vida, ¿aún le cuesta confiar en Él? ¿Siente como si Dios estuviera indeciso entre decirle sí o no a usted? ¿Usted quiere *creer*, pero aún le cuesta *confiar* en esta creencia?

Hemos visto cómo el sí de Dios puede revigorizar las cosas pequeñas en nuestras vidas. Vimos cómo Él trae satisfacción por medio del placer, el trabajo, las estaciones de la vida, el impacto, la amistad, el contentamiento, la sabiduría y la esperanza del cielo. El sí de Dios hacia nosotros lo encontramos en las páginas de la Biblia. Eclesiastés nos reta a darnos cuenta de que la vida carece de todo sentido fuera de estos sí. Podemos desviarnos y aventurarnos, como Salomón, pero terminaremos en un lugar de confusión, frustración y desilusión. La pregunta es: ¿Confiaremos en Él y viviremos en sus promesas? ¿Creeremos en lo que nos dice Dios incluso cuando estemos heridos y desilusionados? ¿Diremos sí a Dios en cada momento y viviremos en el increíble sí que Dios nos declara en Jesús?

Justo después de que Pablo escriba sobre el sí de Dios, nos recuerda sobre la fidelidad de Dios: "Pues Jesucristo, el Hijo de Dios, no titubea entre el 'sí' y el 'no'. Él es aquel de quien Silas, Timoteo y yo les predicamos, y siendo el 'sí' definitivo de Dios, él siempre hace lo que dice" (2 Corintios 1:19, NTV).

Si las promesas de Dios no parecen cumplirse cuando y de la manera en que nosotros pensamos que deberían hacerlo, podemos caer en la tentación de pensar que Dios es impredecible o egoísta. Algunas veces, puede ser que de hecho Dios nos esté evitando algún dolor o nos esté moldeando para cosas que no podríamos comprender. El tiempo de Dios es perfecto, y se nos recuerda en las Escrituras una y otra vez que Él es fiel en cumplir todas sus promesas. Él sigue y completa todo lo que dice que va a hacer. Siempre.

Salomón se desvió del camino con Dios y aprendió estas lecciones duramente. A medida que hemos explorado el relato sinuoso e inquietante de su vida y fe en Eclesiastés, hemos visto cómo Dios puede dar significado a nuestra monotonía. Vimos muchas cosas a las que el Señor dice sí en nuestras vidas, cosas que podemos hacer nuestras mediante el poder de su amor y gracia. Vimos que Dios no es la piedra en el camino, sino el camino al placer. Él nos creó para servirle, para trabajar para Él y vivir con Él en el centro. Consideramos también la importancia de las estaciones y vimos el valor crítico de confiar en que Dios hará que cada fase de la vida sea hermosa en su tiempo.

Salomón concluye su sondeo de la vida en Eclesiastés llevando todas las cosas a Dios. Después de todo su zigzagueo por las tragedias y locuras de la vida bajo el sol, ruega a sus lectores que recuerden a Dios todos los días. Él escribe: "No dejes que la emoción de la juventud te lleve a olvidarte de tu Creador. Hónralo mientras seas joven, antes de que te pongas viejo y digas: 'La vida ya no es agradable'" (12:1, NTV). Todos hemos escuchado la frase "el tiempo vuela." La gente anciana siempre le dice a la gente joven que bajen el ritmo y aprecien lo que tienen, porque "la vida se va en un abrir y cerrar de ojos." Puedo ver por mí mismo que tienen razón. He visto crecer a mis hijos desde que eran bebés hasta ser preadolescentes en lo que parece haber sido mucho menos de doce años. Algún día tomaré este libro, leeré mis propias palabras y comenzaré a chillar porque mis preadolescentes ya son adultos y tienen sus propios hijos. El tiempo vuela. Cuanto más envejecemos, más rápido vuela. Por eso Salomón nos urge a ser conscientes del tiempo y ser cuidadosos con la juventud. Al caminar con Dios, el Señor no solo redime nuestras vidas, sino también nuestros minutos, horas y días. Él nos da la perspectiva que necesitamos para aprovechar al máximo nuestro tiempo limitado.

EL TRAJE DE ANCIANO

Es muy fácil pensar que seremos fuertes y sanos para siempre. Es difícil imaginar no estar mentalmente y físicamente plenos de energía, especialmente en los mejores años de nuestra vida. Esta es la razón por la que los médicos del Centro Geriátrico Evangélico de Berlín han desarrollado el Traje de Anciano. Con un peso de casi diez kilogramos, el Traje de Anciano consiste en un casco amarillo que nubla la visión, protectores auditivos que dificultan la audición, y almohadillas en rodillas y codos que vuelven rígidas las articulaciones. Se les pide a los estudiantes de medicina que se coloquen el traje y realicen tareas simples, como subir las escaleras y recoger monedas con la esperanza de que aprendan a sentir empatía por sus pacientes ancianos.

Rahel Eckardt, un médico principal en el Centro, afirma: "Mi meta es transformar a gente joven y energética en seres lentos y rechinantes, por lo menos temporalmente. Así, espero, podrán desarrollar una idea de lo que es ser anciano."[50]

Las palabras de Salomón sobre el envejecimiento son su intento de colocar a los lectores su propia versión del Traje de Anciano. Desea que sintamos cómo sería ya no ser tan avispados, energéticos y fuertes como lo somos ahora. Al igual que los estudiantes que obtienen toda una nueva apreciación por lo que significa ser anciano, Salomón quiere que obtengamos toda una nueva apreciación por lo que significa ser joven. Salomón quiere que digamos sí a la vida. Nos ruega amar a Dios con todo nuestro corazón, con toda nuestra mente y con todas nuestras fuerzas antes de que esos recursos hayan disminuido.

Salomón continua: "Acuérdate de él antes de que la luz del sol, de la luna y de las estrellas se vuelva tenue a tus ojos viejos, y las nubes negras oscurezcan para siempre tu cielo. Acuérdate de él antes de que tus piernas —guardianas de tu casa— empiecen a temblar, y tus hombros —los guerreros fuertes— se encorven. Acuérdate de él antes de que tus dientes —esos pocos sirvientes que te quedan— dejen de moler, y tus pupilas —las que miran por las ventanas— ya no vean con claridad" (Eclesiastés 12:2-3, NTV).

Salomón describe de manera tan creativa las desventajas de envejecer, que pareciera más bien dar razones para temer la vejez que para apreciar la juventud. Pero el punto no es temer lo que perderemos, sino aprender a apreciar lo que tenemos. En lugar de ver esto como una imagen de lo que perderemos al final de la vida, debemos pensar en ello como los regalos que recibimos a lo largo de la vida. Regalos que debemos usar mientras recordamos a nuestro Creador.

Póngase el Traje de Anciano, lea la advertencia de Salomón, y luego quíteselo. Sienta la fuerza y vitalidad que todavía le quedan e invierta en todas las oportunidades que Dios pone en su camino, porque según Salomón, nuestro trabajo y nuestras pasiones también son regalos.

SU PRÓXIMO SÍ

Salomón nos recuerda que llegará un día cuando ya no podamos decir sí a nuevas cosas. Llegará el día en que no tendremos más pasión o deseo. Llegará el día en que seamos tan viejos, débiles y cansados como para vivir para Dios, ¡pero hoy no es ese día! Si usted está leyendo este libro, todavía queda vida en usted y Dios no ha terminado con usted. Aún tiene cosas para dar y trabajo que hacer. Todavía hay propósitos esperando para acelerar su corazón con intrépida pasión y llenar su día de trabajo con significado. Todavía hay gente que necesita saber de usted, ser ayudada por usted, y ser amada por Dios a través de usted.

Entonces, ¿qué hará? ¿Cuál será su próximo sí? Ahora mismo, hoy, ¿a qué le tiene que decir sí en su vida? Piense por un momento antes de asentir. Saber a lo que tiene que decirle sí, y hacerlo a veces pueden ser dos cosas diferentes. Mis hijos algunas veces me dicen: "Papá, te voy a pedir algo, pero quiero que primero me digas que sí."

"¿Decir sí a qué?" les respondo.

"A lo que te voy a pedir", me responden, "solo prométeme que vas a decir que sí." Esto es lo que normalmente hacen para conseguir que esté de acuerdo con algo que normalmente no aprobaría, ¡así que nunca les respondo hasta que me dicen qué es lo quieren!

Pero nosotros no podemos burlar a Dios y, afortunadamente, tampoco tenemos que hacerlo. Él ya nos ha dicho sí en Jesús. Él conoce todo el panorama, cuida nuestra retaguardia y protege nuestros intereses. Cada día nos pide que digamos sí a Él y a vivir.

Es peligroso preguntar en oración: "Dios, ¿a qué quieres que hoy le diga sí?" pero lo es todavía más no hacerlo.

Al final de la vida, al reflexionar sobre sus experiencias y momentos inolvidables, ¿qué espera poder ver? ¿Será la celebración de una vida bien vivida, o tendrá en cambio una visión entristecida por el lamento por no haber hecho todas las cosas que desearía haber hecho? ¿Todas las cosas en las que debería haber confiado en Dios? ¿Habrá páginas en blanco y garabatos desesperados en el libro de su vida? ¿O cada página estará llena con el diseño de Dios? ¿Todos los capítulos se verán iguales, una y otra vez, o estarán llenos de aventuras, fracasos, y sueños divinos? ¿Habrá sido una vida que usted jamás hubiera podido adivinar?

Luego de su encuentro de lucha en Eclesiastés, Salomón reconoce que todo lo que tenemos en esta vida es lo que Dios provee. Buena comida, trabajo productivo, relaciones afectivas. Salomón lucha con el vaso medio vacío o medio lleno en este sincero monólogo, y al final concluye que a pesar de lo vacío que pueda parecer nuestro vaso en el momento, el sentirnos agradecidos por lo que tenemos y tener presente la bondad de Dios lo volverá a llenar de nuevo. Salomón escribe:

> *Aquí culmina el relato.*
> *Mi conclusión final es la siguiente:*
> *Teme a Dios y obedece sus mandatos,*
> *porque ese es el deber que tenemos todos.*
> *Dios nos juzgará por cada cosa que hagamos,*
> *incluso lo que hayamos hecho en secreto,*
> *sea bueno o sea malo.*
>
> (Eclesiastés 12:13-14, NTV)

Esta conclusión nos recuerda nuestra humanidad y la soberanía, el poder y la santidad de Dios. Nos recuerda que siempre hay más en nuestro vaso de lo que podemos ver.

Reconocimientos

El Dios del Sí representa el cumplimiento de un sueño largamente acariciado. Desde que Dios sacudió mi mundo con lo que significaba vivir en su sí, quise escribir este libro. La idea del proyecto yació en un creciente número de archivos de computadora por tanto tiempo, que tuve que actualizarlos a las versiones actuales o perderlos del todo. Felizmente, Dios hace todo hermoso en su tiempo, y me emocionó la oportunidad de poder dar forma a mis escritos. El proceso fue a veces extenuante, como lo son todos los libros, y fue particularmente difícil trabajar en un libro bíblico con tantas aristas como Eclesiastés. Quiero darles las gracias a Shawn Wood, Jon Kohler y Justin Jackson por conocimientos que me ayudaron a mantener un ojo en el texto y otro en las vidas de los lectores.

Muchísimas gracias también al equipo de Hachette/Faith Words por permitirme ver este sueño realizado. Por años supe que dentro de mí había libros que *tenía* que escribir. Me siento muy bendecido de tener la oportunidad de trabajar junto a ellos y compartir un mensaje tan personal e importante como este con una gran audiencia. Gracias especialmente a Rolf Zettersten, Jana Burson, Shanon Stowe y Harry Helm.

Agradezco a las muchas personas que ayudaron tras bambalinas, incluidos Eugena Kelting, Drew Bodine, Kayla Gilmore y Paul Mudd. Gracias a Esther Fedorkevich no solo por ser una gran agente, sino también por alentarme tanto durante el proceso de redacción y publicación.

De todas las veces en que esperé escuchar un "sí," aquella que Lori compartió conmigo la noche de nuestro compromiso jamás tendrá parangón alguno. Gracias por tu fidelidad, amor y apoyo a lo largo de este proceso. Eres un verdadero regalo de Dios. Gracias a Emma y a Ethan por ser una alegría tan grande para mí. No puedo imaginar mi vida sin ustedes dos, ¡me siento muy agradecido de ser su padre!

Notas

1. Søren Kierkegaard, *Either/Or*, ed. (Princeton, NJ: Princeton University Press, 1987), p. 34.

2. Samuel Johnson, citado en C. S. Lewis, *Mere Christianity* (New York: Macmillan Publishing Co., 1952), p. 78.

3. Stephen Hawking, citado en Ravi Zacharias, *A Shattered Visage: The Real Face of Atheism* (Grand Rapids, MI: Baker Books, 1990), p. 13.

4. G. K. Chesterton, citado en Dale Ahlquist, *G. K. Chesterton: The Apostle of Common Sense* (San Francisco: Ignatius Press, 2003), p. 16.

5. David J. Linden, *The Compass of Pleasure* (New York: Viking Penguin, 2011), Kindle edition, Capítulo 1, párrafo 30.

6. Robert Galbraith Heath, citado por David J. Linden, *The Compass of Pleasure*, Kindle edition, Capítulo 1, párrafo 11.

7. Linden, *The Compass of Pleasure*, Kindle edition, Prólogo, párrafo 32.

8. "Survey: More Americans Unhappy at Work," CBSNews (Enero 5, 2010), http://www.cbsnews.com/2100-201_162-6056611.html.

9. Leland Ryken, James C. Wilhoit, y Tremper Longman III, eds., *Dictionary of Biblical Imagery* (Downers Grove, IL: InterVarsity Press, 1998), pp. 965–66.

10. Andy Crouch, *Culture Making: Recovering Our Creative Calling* (Downers Grove, IL: InterVarsity Press, 2008), Kindle edition, Capítulo 6, párrafo 5.

11. Ryken, Wilhoit, y Longman, *Dictionary of Biblical Imagery*, pp. 965–66.

12. Tim Nelson, *Work Matters: Connecting Sunday Worship to Monday Work* (Wheaton, IL: Crossway, 2011), p. 26.

13. Seth Godin, "Slowly I Turned . . . Step by Step . . . Inch by Inch," *Fast Company* (Mayo 2003), p. 72.

14. Iain Provan, *The NIV Application Commentary: Ecclesiastes/Song of Songs* (Grand Rapids, MI: Zondervan, 2001), p. 87.

15. Mark Buchanan, *Spiritual Rhythm: Being with Jesus Every Season of Your Soul* (Grand Rapids, MI: Zondervan, 2010), p. 18.

16. Max Lucado, *Fearless: Imagine Your Life Without Fear* (Nashville, TN: Thomas Nelson, 2009), p. 160.

17. Iain Provan, *The NIV Application Commentary: Ecclesiastes/Song of Songs* (Grand Rapids, MI: Zondervan, 2001), p. 103.

18. Dacher Kelter, "The Compassionate Instinct," *Greater Good: The Science of a Meaningful Life* (Primavera 2004).

19. Scott Todd, *The Poor Will Not Always Be with Us* (Colorado Springs, CO: Compassion International, 2010), p. 30.

20. Joe Carter, "Texas Atheist 'Flabbergasted' by Outpouring of Christian Charity," The Gospel Coalition (Marzo 22, 2010), http://thegospelcoalition.org/blogs/tgc/2012/03/22/texas-atheist-flabbergasted-by-outpouring-ofchristian-charity.

21. Kerry Patterson, Joseph Grenny, David Maxfield, Rom McMillan, y Al Switzler, *Change Anything: The New Science of Personal Success* (New York: Business Plus, 2011), p. 86.

22. Ibid., p. 88.

23. Ibid., p. 43.

24. Carol Graham, "Happy Peasants and Miserable Millionaires: Happiness Research, Economics, and Public Policy," *VOX* (Enero 30, 2012), http://voxeu.org/index.php?q=node/4539.

25. C. S. Lewis, *Mere Christianity* (New York: Macmillan Publishing Co., 1952), p. 120.

26. Jeremiah Burroughs, *The Rare Jewel of Christian Contentment*, p. 42.

27. Ibid., p. 45.

28. Ibid., p. 47.

29. Ibid., p. 51.

30. Ibid., p. 65.

31. Paul Johnson, *Intellectuals* (New York: Harper Collins, 1988), Kindle edition, Capítulo 1, párrafo 43.

32. Ibid., locations 609–11.

33. Ibid., locations 4785–86.

34. Ibid., locations 7103–10.

35. Gerald Clarke, "Harrison Ford: Stardom Time for a Bag of Bones," revista TIME, Febrero 25, 1985.

36. Raymond Novaco, "Anger as a Clinical and Social Problem," *Advances in the Study of Aggression* (New York: Academic Press, 1986), p. 2.

37. Joseph P. Simmons and Cade Massey, "Is Optimism Real?" *Journal of Experimental Psychology* (Feb. 13, 2012), https://opimweb.wharton.upenn.edu/files/?whdmsaction=public:main.file&fileID=4107.

38. Frank Newport, "Americans More Likely to Believe in God Than the Devil, Heaven More Than Hell," Gallop News Service (Junio

13, 2007), http://www.gallup.com/poll/27877/americans-more-likely-believe-godthan-devil-heaven-more-than-hell.aspx.

39. C. S. Lewis, *The Chronicles of Narnia: The Last Battle* (New York: HarperTrophy, 1984), p. 213.

40. Sonja Lyubomirsky, *The How of Happiness: A New Approach to Getting the Life You Want* (New York: Penguin Group, 2007), p. 192.

41. Ibid., p. 194.

42. Ibid., p. 21.

43. Ibid.

44. Ibid.

45. "How Much Data Is Created Every Minute?" Domo Blog (Junio 8, 2012), http://www.domo.com/blog/2012/06/how-much-data-is-created-everyminute/.

46. Louis C. K., "Everything's Amazing and Nobody's Happy," YouTube, http://www.youtube.com/watch?v=8r1CZTLk-Gk.

47. Ibid.

48. Bronnie Ware, "Regrets of the Dying," *Inspiration and Chai* Blog, http://www.inspirationandchai.com/Regrets-of-the-Dying.html.

49. Robert Brault, "Who Wrote 'Enjoy the Little Things'?" *A Robert Brault Reader* (Junio 9, 2012), http://www.robertbrault.com/2011/04/who-wroteenjoy-little-things.html.

50. Kate Connolly, "Suit Lets Medical Students Experience Symptoms of Old Age," *The Guardian* (Julio 9, 2012), http://www.guardian.co.uk/society/2012/jul/09/suit-students-experience-old-age.

Acerca del autor

Jud Wilhite es autor de best sellers del *New York Times*, conferencista y pastor principal de la iglesia Central Christian Church, fundada en Las Vegas con varias sedes tanto a nivel nacional como internacional. Central Christian Church es reconocida como una de las congregaciones de más rápido crecimiento en los Estados Unidos de América. Jud es autor de varios libros, incluyendo: *Pursued* y *Torn*. Él y su esposa, Lori, tienen dos hijos y viven en el área de Las Vegas.

central
christian church

Para conocer los horarios de los servicios, ubicación de las sedes, videos y recursos adicionales, por favor visite centralonline.tv.